Steve Heitzer

Kinder sind nichts für Feiglinge

Steve Heitzer

Kinder sind nichts für Feiglinge

Ein Übungsweg der Achtsamkeit

arbor

Arbor Verlag
Freiburg im Breisgau

1. Auflage 2016

Lektorat: Georg Grässlin
Titelfoto: plainpicture/Stüdyo Berlin
Druck und Bindung: Westermann, Zwickau
Hergestellt von mediengenossen.de

Dieses Buch wurde auf 100% Altpapier gedruckt und ist alterungsbeständig.
Weitere Informationen über unser Umweltengagement finden Sie unter
www.arbor-verlag.de/umwelt.

www.arbor-verlag.de

ISBN 978-3-86781-183-5

Inhalt

Vorwort

Kein Erziehungsratgeber

Neben Kochbüchern scheinen Erziehungsratgeber in den Buchhandlungen Dauerbrenner zu sein. Dieses Buch ist keines von beidem. Weder versammle ich hier schöne Rezepte für Erziehungsfragen, noch fühle ich mich dazu berufen, Eltern oder PädagogInnen Ratschläge zu erteilen. Natürlich versuche auch ich aus meinen eigenen Erfahrungen als Vater und Pädagoge zu lernen, und ich verarbeite hier eine Sammlung von Erkenntnissen und Reflexionen aus inzwischen fast 20 Jahren. Immer aber sind es meine persönlichen Erfahrungen und Schlüsse, die ich vor dem Hintergrund meiner pädagogischen Interessen und meiner Lektüre in konkreten Umständen gezogen habe. Sie können allenfalls als Inspiration für andere Menschen und andere Situationen dienen.

Auch im dritten Teil dieses Buches versuche ich grundsätzlich, ein paar Orientierungen zu geben, wo aus meiner Erfahrung immer wieder Fallen auftauchen auf dem Weg, unseren Kindern mehr Freiheit zu geben, gut für sie zu sorgen und in unserer Begleitung freundlich und respektvoll zu sein.

Dort, wo es Rat braucht, weil die Beziehungen in der Familie oder der pädagogischen Einrichtung spürbar leiden, weil Dinge aus dem Ruder geraten sind, oder weil das Miteinander zu oft destruktiv wird, macht es Sinn, Beratung aufzusuchen und sich Hilfe und einen Blick von außen zu holen.

Vielen Eltern würde auch schon eine begleitete Gruppe helfen, um sich mit all dem mitzuteilen, was das Leben mit Kindern mit sich bringt, ähnlich wie das in guten pädagogischen Einrichtungen bei Team-Reflexion, Supervision und Elterngesprächen selbstverständlich ist. Oft genügt allein schon dieser Raum, um sich „leichter" zu fühlen und größere Krisen im Vorfeld abzufangen. Auch Eltern und PädagogInnen brauchen wie Kinder die Erfahrung, sich gesehen, gehört, „gefühlt" zu fühlen (Daniel Siegel). Dort, wo sich destruktive Muster noch nicht verhärtet haben und noch keine professionelle Beratung notwendig ist, geht es vor allem auch darum, unseren problemorientierten Blick um den Blick für das Gelingende zu erweitern. Es gibt so viele schöne Momente mit unseren Kindern, so vieles, das „eigentlich ganz gut läuft", so viel Positives und Berührendes, das wir viel zu leicht übersehen oder das viel zu schnell unter dem Berg von Problemen verschwindet. Und dort, wo Schwierigkeiten sind, wo es mühsam oder herausfordernd ist, dort können wir meist etwas Neues lernen.

Während der erste Teil dieses Buches eine Annäherung an die pädagogischen und – wenn wir so wollen – spirituellen Grundthemen und -begriffe dieses Buches ist, widmet sich der Hauptteil dem Lernfeld Leben und Arbeiten mit Kindern und der Aufgabe, das Gelingen und das Berührende in den Blick zu nehmen.

Ich habe dafür Geschichten gesammelt. Geschichten, in denen sich eine Erfahrung oder Erkenntnis verdichten ließ. Erfahrungen mit meinen Kindern zu Hause und mit „meinen" Kindern im Kindergarten, sowie Geschichten mit Kindern, denen ich über das „Ursprüngliche Spiel" *(original play)* begegnet bin, wie O. Fred Donaldson es seit mehr als 40 Jahren erforscht.[1] Aber auch Geschichten mit Eltern. Es ist sicher der kniffligere Teil unserer Arbeit als PädagogInnen, mit den Eltern „unserer" Kinder zu arbeiten, vor allem dann, wenn wir in privaten bzw. „alternativen" Einrichtungen arbeiten. Auch dazu stelle ich im dritten Teil grundsätzliche Überlegungen an und teile eigene Erfahrungswerte mit. Meine Arbeit mit Kindern und Eltern sowie viele Jahre Erfahrung in und mit privaten Kindergärten und Schulen fließen in diesem Buch zusammen. Immer wieder in den vergangenen Jahren ließ sich eine Erfahrung mit Kindern in einer Geschichte verdichten und floss in die Finger auf meiner Tastatur. Wie in einem Versuch, aus einer Reihe von Liedern nun ein Album zu machen, habe ich das hier mit meinen Geschichten versucht. Den LeserInnen der Zeitschrift *Mit Kindern Wachsen*[2] werden manche vielleicht bekannt vorkommen, weil immer wieder eine ihren Weg in die Zeitschrift gefunden hat. In diesem „Album" hier ließ sich aus den Geschichten ein Übungsweg komponieren, den ich selbst gehe und der andere inspirieren kann, sich bewusst mit dem eigenen Leben auseinanderzusetzen. Es kann ja nicht darum gehen, einen Weg vorzuzeichnen, den andere nachgehen könnten. Mein Weg und meine Geschichten sollen dazu ermutigen, unsere wunderbaren, anstrengenden und herausfordernden Jahre mit Kindern – sei es in der Familie oder im beruflichen Kontext – als ein Übungsfeld zu begreifen, in dem wir mit unseren Kindern weiter wachsen können. Wir rücken damit ab von der üblichen Perspektive, unser Zusammenleben und unsere Arbeit mit Kindern als Lernfeld und Entwicklungsraum nur für die Kinder zu betrachten. Wir Eltern und erst recht wir

---

1 O. Fred Donaldson: *Von Herzen Spielen. Die Grundlagen des Ursprünglichen Spiels.* Freiamt: Arbor-Verlag, 2004.

2 *Mit Kindern Wachsen: Neue Perspektiven & Wege im Leben mit Kindern.* Fachzeitschrift, hrsgg. v. Verein Mit Kindern Wachsen e.V. Freiburg i. Br.: Arbor-Verlag 1996 ff.. ISSN 0949–7560.

PädagogInnen erwecken ja manchmal den Eindruck, als wüssten wir schon überall Bescheid, als hätten wir schon 1000 Jahre auf dem Buckel, so dass uns nichts mehr überraschen oder gar zum Staunen bringen könnte. Als wären wir schon fertig, während die Kinder noch so vieles lernen müssten. Die Lebendigkeit der Kinder lässt uns manchmal alt aussehen, langweilig, im doppelten Sinn „fertig" und wie geronnen. Es ist, als ob Kinder uns wieder ins Fließen bringen könnten, flüssig machen, formbar und beweglich. Wenn es Ihnen manchmal auch so geht, dann sind Sie hier richtig. Dieser Übungsweg hat damit zu tun, wie Kinder uns wieder Leben einhauchen können, wie wir unser Leben wieder spüren, wie wir aufwachen können aus dem Trott des Alltags und aus dem Gefängnis unserer Gedanken und Meinungen.

Dafür müssen wir nicht ständig um irgendwelche Probleme kreisen oder fragen, was denn schon wieder alles falsch läuft mit unserer Erziehung. Ich bin froh, wenn mich keine Eltern fragen: „Was tu ich denn, wenn…" Wenn ich darin gut wäre oder unser Zusammenleben unter diesem Blinkwinkel erforschen wollte, dann hätte ich eben einen Ratgeber geschrieben. Die Geschichten und Erfahrungen, die sich hier auf diesem Übungsweg versammeln, sind als Inspiration gedacht. Und nicht für Reparaturdienste an unserer Erziehung oder gleich an den Kindern selbst. Sondern, um uns aufzuwecken, vielleicht sogar wachzuküssen. Deswegen sind es fast durchwegs Geschichten, die etwas Tieferes berühren als oberflächliche „Erziehungsfragen". Dabei wollen sie sich nicht wichtig machen oder als Heldengeschichten daherkommen, sondern als kleine Beispiele für ein Gelingen, eine Freude, eine Öffnung des Herzens oder eine Erkenntnis. Sie sollen eine Entwicklung andeuten – für uns Erwachsene wohlgemerkt. Ich habe auf meinem eigenen Weg und in meiner Arbeit deutlich den Unterschied gespürt, wenn wir uns mit dem Positiven verbunden haben, dem Gelingen und der Freude, anstatt immer nur dort hinzuschauen, wo gerade etwas nicht so gut läuft. Natürlich braucht jede professionell pädagogische Arbeit wie auch unsere Verantwortung als Eltern ein Aufmerken und einen guten Blick für Schwierigkeiten und Konflikte. Aber aus der Sicht der essentiellen Gestaltarbeit, wie ich sie bei Katharina Martin kennenlernen durfte, wie auch in der Praxis der Achtsamkeit geht es vermehrt darum, das Positive und Nährende wahrzunehmen und zu stärken. Die Traumatherapeutin Luise Reddemann rät Eltern:

„Konzentriert Euch bitte mehr auf das, was bereits gelingt – nehmt es wahr und freut Euch gemeinsam daran. ... Schauen, was bereits hilft, und es öfter tun. ... Mehr Freude ins Leben holen und diese Momente bewusster wahrnehmen und genießen. Daraus erwächst Hoffnung und auch Wandlung.“[3]

Wenn ich also einen Übungsweg beschreibe, dann meine ich damit keinen Ratgeber und auch kein *survival training* für Eltern oder PädagogInnen, die sich wie im Dschungel fühlen und um das nackte Überleben kämpfen. Auch wenn es Vormittage mit Kindern gibt, an denen sich das durchaus so anfühlen kann und wir froh sind, wenn wir (und unsere Kinder) halbwegs heil aus allerlei Unbill herauskommen, schlage ich vor, unser Zusammensein mit Kindern als Chance zu entdecken, unser Leben mit dem ihrigen zu *entfalten*, anstatt nur zu überleben. Dafür stehen diese Übungen: bewusster wahrzunehmen, was gerade passiert, wo sich etwas verdichtet, wo eine Ahnung aufsteigt, wo mein Herz sich bewegt oder wo mein Körper Signale sendet, wann etwas gelingt, was hilft und was heilt. Dabei geht der hier beschriebene Übungsweg weder methodisch vor, noch zielt er direkt sichtbare Ergebnisse an. Natürlich wird man auch die Qualität und Substanz dieser Übungen „an den Früchten erkennen“, aber diese stellen sich vielleicht recht unscheinbar und erst mit der Zeit ein. So ist

---

3 „Über traumatischen Stress – ein Gespräch mit Prof. Dr. Luise Reddemann“. In: *Mit Kindern Wachsen*, Juli 2015, S. 14–21, hier S. 21.

es mit allen tieferen mentalen Wegen, weil es um Wachstumsprozesse und Entwicklungen geht, die wir ermöglichen, aber nicht herstellen können, denen wir Raum und Zeit geben, die wir aber nicht forcieren können.

Teil 1

Kinder und die Praxis der Achtsamkeit

1

Achtsamkeit und Pädagogisches

Wer braucht Achtsamkeit?

Achtsamkeit ist in aller Munde und es wäre naheliegend schon gleich wieder zu fragen, wie wir *Kindern* Achtsamkeit beibringen können. Es gibt mittlerweile sogar vielversprechende Ansätze, auch mit Kindern Achtsamkeit zu erfahren und einzuüben.[4] Und es gibt auch gute Gründe dafür, mit Kindern in dieser Richtung zu arbeiten. Aber wir dürfen nicht übersehen, dass es in erster Linie wir Erwachsenen sind, die hier etwas zu lernen haben. Einer der Gründe ist, dass wir im Laufe unseres Erwachsenwerdens uns so sehr mit Denken und Gedanken beschäftigen, dass der zeitgenössische Autor Eckhart Tolle mit Recht sagen kann: „Menschsein

---

4 Susan Kaiser Greenland: *Wache Kinder. Wie wir unseren Kindern helfen, mit Stress umzugehen und Glück, Freude und Mitgefühl zu erleben.* Freiburg i.B.: Arbor-Verlag, 2011. Helle Jensen: *Hellwach und ganz bei sich. Achtsamkeit und Empathie in der Schule.* Weinheim und Basel: Beltz Verlag, 2014.

heißt, in Gedanken verloren sein."[5] Unsere Fähigkeit, ganz hellwach im gegenwärtigen Augenblick präsent zu sein oder ganz eins zu sein mit dem, was wir gerade tun, nimmt ab, zugleich reißen wir unsere Kinder oft genau aus dieser Einheit heraus, weil wir Wichtigeres für sie zu tun haben.

Ein anderer Grund dafür, dass es an uns Erwachsenen ist, Achtsamkeit zu üben, ist, dass wir es auch sind, die in der Familie wie in den pädagogischen Einrichtungen für die Atmosphäre verantwortlich sind und diese Verantwortung nicht den Kindern aufbürden sollten. Kindern Achtsamkeit wie Zählen oder Malen nahebringen zu wollen oder sie gar zur Disziplinierung einzusetzen, will etwas instrumentalisieren und verbiegen, das sich nicht biegen lässt und nur dann Früchte tragen kann, wenn es keinem Zweck dient. Die Achtsamkeitspraxis geht nur *von innen nach außen* – wir können dazu einladen, wenn sie aber zu einem „Sollen" wird, verliert sie ihre heilsame Wirkung. Sie setzt Freiwilligkeit voraus, ist bedingungslos, bietet Zeit und Raum zum Sein und zum Bewusstwerden. All unsere damit verbundenen Werte (Gelassenheit, innere Sammlung, Mitgefühl usw.) und alle Bemühungen können nur fruchten, wenn *wir Erwachsenen* uns selbst ernsthaft auf den Weg machen.

Darüber hinaus stehen Kinder an einem völlig anderen Zeitpunkt in ihrem Leben und ihrer Entwicklung und wir können gar manches von ihnen (wieder) lernen! Kinder leben so sehr in der Gegenwart, wie wir es uns in der Achtsamkeitspraxis nur wünschen können. Ihr Einssein mit ihrem Tun, ihr Verschmelzen mit dem gegenwärtigen Moment ist für viele spirituelle Lehrer wie ein Vorbild und eine Inspiration, selbst wieder dorthin zurückzukehren, wo wir einst hergekommen sind. Ähnlich wie bei Künstlern, die in gewisser Weise zurückkehren wollen zu einem spontanen

5 Eckhart Tolle: *Stille spricht. Wahres Sein berühren.* München: Wilhelm Goldmann Verlag, 2. Aufl. 2003, S. 19.

kreativen Ausdruck, wie er den Zeichnungen von Kindern eigen ist. Und Kinder – zumal kleine Kinder – tragen oft ihr Herz offen auf der Brust, können von Herzen geben, spielen und lieben. Und so sehr sie sich auch in ihrer Wut, Angst oder Verzweiflung verlieren können, so schnell können sie alle Negativität auch wieder loslassen, fallen lassen wie eine heiße Kartoffel, von handgreiflichen Streitigkeiten mit einem Freund/Feind zum Spiel zurückkehren oder von einem Unbehagen zur Arglosigkeit. Kindern eignet also noch etwas, das wir uns als Erwachsene erst wieder aneignen müssen. So auch, wenn es darum geht Achtsamkeit zu üben.

Was Kinder wie Erwachsene heute brauchen, sind Erfahrungen der Stille, Auszeiten aus dem ständigen Karussell der Gedanken, Pläne und Sorgen (vor allem bei uns Erwachsenen), sowie aus dem Stress von permanenten Erwartungen, Leistungsdruck, Zwecken und Zielen. Zeiten der Muße und des freien Spiels, nichts „*Sinn*volles“(zumal aus Erwachsenensicht) tun müssen.

Dem Religionspädagogen Fulbert Steffensky sagt man folgende Zeilen nach:

Es ist Zeit,
in unserer Gesellschaft das zu retten,
was sich nicht funktional rechtfertigen lässt.
Es ist Zeit für die Dinge einzutreten,
die keine Zwecke haben,
für das Spiel, für die Musik,
für die Gedichte,
für das Gebet, für das Singen,
für die Stille,
für alle poetischen Fähigkeiten des Menschen.
Sie haben keine Lobby
und sie bringen keine Profite.
Aber sie stärken unsere Seelen.[6]

---

6 Quelle unbekannt.

Nichts und Alles

„Was habt Ihr denn heute Vormittag gemacht?“

So fragen Eltern gern ihre Kinder, wenn sie vom Kindergarten nach Hause kommen. Wenn die überhaupt etwas sagen, dann meist: „Nichts“. Wenn Sie zu Hause bei Ihren Kindern sind, während Ihr Mann oder Ihre Frau „arbeiten geht“ (als ob Sie nicht arbeiten würden...), wird es Ihnen vermutlich ähnlich gehen:

„Was habt Ihr denn heute getan?“

„Nichts Besonderes.“

Und doch, wenn wir genau hinschauen, wenn wir für Augenblicke heraustreten aus unserem Trott, unserer Betriebsamkeit, unserem Stress oder unserer Routine, dann können wir entdecken, was tiefer liegt. In diesem scheinbaren „Nichts“ liegt immerhin zeitlich schon ein Großteil unseres Lebens – Tag für Tag. Und wie ein Schatz vergraben findet sich dort das einzig wirkliche Leben überhaupt: der gegenwärtige Augenblick. Im Nichts wohnt letztlich alles.

Die Praxis der Achtsamkeit wird von Auszeiten und vom Rückzug in die Stille genährt, wie wir sie in der formalen Praxis der Meditation üben können, und doch zielt sie auf das „wirkliche Leben“ im Alltag mit unseren Kindern. Dort haben wir eine große Verantwortung und zugleich eine große Chance, mit unseren Kindern hineinzuwachsen in das, was wir in der Achtsamkeitspraxis lernen und entwickeln wollen. Der unmittelbare Kontakt mit unseren Kindern, die Herausforderungen und unsere Aufgaben selbst werden zum Material für unsere eigene Entwicklung. Das Leben selbst wird zum Übungsweg. So finden sich in diesem Büchlein auch keine „Offenbarungen“ oder spektakuläre Geschichten. Es sind allesamt unspektakuläre kleine Geschichten, auf die wir zurückgreifen. „Nichts Besonderes“ auch hier.

Es liegt eine stille Kraft im Unscheinbaren. Immer dann, wenn das Licht der Achtsamkeit durch den Schleier unseres

Alltagstrotts dringt, können wir etwas *wirklich* erfahren, etwas Neues lernen, unser Herz öffnen, aufwachen und „zur Besinnung kommen".[7] Weil wir plötzlich hellwach sind und mit lebendigem Interesse uns dem zuwenden, was gerade in diesem Moment geschieht.

Diese völlige Gegenwärtigkeit zeichnet die Kinder aus. Deswegen ist die Frage nach etwas Vergangenem – und wenn es um den Vormittag geht, der gerade erst vorbei ist – für sie kaum zu beantworten. Es hat im gegenwärtigen Moment keine Bedeutung. Was wichtig war, taucht manchmal durch eine Assoziation im aktuellen Tun wieder auf und wird dann erzählt und mit der Zeit auch reflektiert. Wir Erwachsene müssen erst mühsam wieder den umgekehrten Weg gehen: Vom ständigen Reflektieren zur Stille des Geistes, zum Ruhen unserer Aufmerksamkeit im gegenwärtigen Augenblick. Vom Kopf zum Tun der Hände. Und vom Tun zum Sein. Also auch von einer betriebsamen Geschäftigkeit, einem automatischen Anleiten, Eingreifen oder gar Predigen vielleicht zur bewussten Entscheidung, einmal nichts zu tun und in den Hintergrund zu treten. Vom Reden zum Beobachten. Vom ständigen Gequassel unseres Mundes oder unserer Gedanken zur stillen Präsenz. Solch achtsame Momente sind zuerst selten. Aber der eine führt zum nächsten. Und wenn wir geduldig und barmherzig mit uns selbst sind, beginnen wir Achtsamkeit zu üben, ob für Momente und Minuten im Alltag oder in einer formalen Praxis der Meditation. Geduldig, entschieden, aber mit Sanftheit, damit wir nicht wieder in die Falle unserer Leistungsgesellschaft gehen und subtile Gewalt gegen uns selbst anwenden. Achtsamkeit ist eine zarte Pflanze. Und wie die Grashalme, die Kinder und andere Menschen wächst sie nicht schneller, wenn wir daran ziehen.

---

7 Siehe den Buchtitel von Jon Kabat-Zinn: *Zur Besinnung kommen. Die Weisheit der Sinne und der Sinn der Achtsamkeit in einer aus den Fugen geratenen Welt.* Freiamt: Arbor-Verlag, 2006.

Achtsamkeit, Bildung und Selbstfürsorge

Wie können wir unsere Kinder im Kindergarten so begleiten, dass wir bei allen Vorgaben und Aufträgen, Bedürfnissen und Erwartungen von außen oder „oben“ unsere Aufgaben erfüllen, ohne die wirklichen Bedürfnisse unserer Schützlinge zu übersehen?

Wie können wir unseren Idealen gerecht werden, ohne unsere eigenen Grenzen und Bedürfnisse zu ignorieren?

Wie können wir unseren Kindern gerecht werden, ohne dabei selbst unter die Räder zu kommen?

Wo ist eine Richtschnur, um in all den Idealen, Zielen und Bedürfnissen die Orientierung nicht zu verlieren?

Achtsamkeit kann so eine Richtschnur sein. Richtig verstanden kann sie ein Weg, ein Werkzeug, eine Haltung sein, die uns in beide Richtungen ein Leuchtturm ist: im Nebel all dessen, was für unsere Kinder gut, wichtig, ja notwendig ist, genauso wie im Versuch, gut für uns selbst zu sorgen.

Dabei erscheinen uns die Aspekte der Achtsamkeit zunächst wie ein glatter Widerspruch zu unserer Rolle als Erziehende, zum Bildungsauftrag, den wir doch zu erfüllen hätten: „nicht tun“, „nicht urteilen“, „nicht wissen“ … – so die Überschriften des zweiten Teils. Es könnte natürlich schwierig sein, das unseren Vorgesetzten oder gar den Behörden verständlich zu machen. Wir werden manchmal tatsächlich über Vorgaben, Bildungsziele und „Standards“ hinausdenken und hinausgehen müssen, im tieferen Verständnis dessen, was Kinder brauchen und im Vertrauen in die Selbstentfaltungskräfte der Kinder. Und wir können entdecken, wie wir aus der Sicht und Praxis der Achtsamkeit heraus erst die Bedingungen schaffen, in denen Lernen und Entfaltung möglich sind. So werden wir unsere pädagogischen Anliegen nicht im Widerspruch zum Weg der Achtsamkeit und im Widerspruch zu unseren eigenen Bedürfnissen sehen, sondern können für das eine und das andere sorgen. Das heißt nicht, dass wir nicht auch manchmal Umwege gehen müssen, Lernziele zunächst einmal hinten anstellen, Vorgaben und Methoden auch öfters direkt hinterfragen oder ablehnen. Unser ganzes Bildungssystem ist sehr ergebnisorientiert und alles scheint sich darum zu drehen, wie Ziele und Ergebnisse durch entsprechende Programme erreicht, gesichert und bewertet werden können. Meine Erfahrung bestätigt die vieler anderer Menschen, die Kindern mehr Freiraum gewähren: Viele Kinder können so viel von dem, was sie brauchen, als Nebeneffekt von dem lernen, was sie wirklich tun wollen. Dazu gehören auch Kulturtechniken wie Lesen, Schreiben und Rechnen. Im traditionellen Bildungswesen kann diese Erfahrung gar nicht mehr gemacht werden, weil eben alles nach Plan und Programm absolviert werden muss. Mehr Zeit und mehr Raum, natürliche Entwicklungsprozesse im Einklang mit dem individuellen Rhythmus und inneren Plan des Kindes – das alles hat im regulären Bildungswesen nicht Platz oder ist nicht vorgesehen. Im Umkehrschluss glauben viele dann, dass es gar nicht anders geht. Dass Kinder eben eins nach dem anderen im Gleichklang lernen und pauken müssen, weil sie sonst nichts lernen. Irgendwann glauben dann auch Kinder selbst: lernen = pauken. Kinder in Alternativschulen müssen dann darauf hingewiesen werden, dass sie sehr wohl auch dann etwas lernen, wenn es nicht durch Pauken, Büffeln oder Unterricht passiert. Und schulfremde Jugendliche, die in unseren Schulen zu Besuch sind, fragen wie die Erwachsenen: Wie lernen denn die hier überhaupt etwas, wenn niemand ihnen sagt, was sie tun müssen? Ich werde auf diese pädagogischen Fragen immer wieder zurückkommen, weil unser eigener Übungsweg entlang der Entwicklung unserer Kinder führt.

2

Nichts für Feiglinge

Kinder sind nichts für Feiglinge. Der Alltag mit Kindern kann enorm herausfordern und ist selten wirklich romantisch. Wenn Sie selbst lebhafte Kinder haben oder im Kindergarten arbeiten, wissen Sie vermutlich, was ich meine.

Kinder sind wunderbar, vor allem die ganz Kleinen. Witzig, ehrlich, direkt, cool, arglos und voller Liebe. Aber sie können auch unerbittlich sein, herausfordernd, streng, heftig – gerade auch hier wieder die ganz Kleinen! Wenn wir von Achtsamkeit in der Arbeit mit Kindern (und deren Eltern) sprechen, müssen wir auch das Schwierige dazunehmen. Mit Kindern immer nett sein zu wollen, ist genauso ein Irrweg wie zu glauben, dass Kinder (immer) nett sind. Selbst wenn wir von respektvollem Umgang mit Kindern sprechen, kann es nicht darum gehen, immer nett sein zu wollen. Kinder brauchen authentische Menschen, ein klares Gegenüber. Das schließt natürlich ganz und gar nicht aus, dass wir immer (wieder) versuchen, in Respekt und Liebe klar zu sein. Manchmal zeugt ein klares Nein zum Wunsch oder zum Verhalten eines Kindes mehr von Liebe als jeder nette Versuch, es listig zu manipulieren. Darauf werde ich im dritten Teil des Buches nochmal zurückkommen.

Der Weg der Achtsamkeit schließt nicht aus, dass wir auch manchmal wütend sind, ungeduldig oder grantig, ungehalten oder mit unserem Latein und den Nerven am Ende. Unser Leitstern ist die Menschlichkeit und der gütige Umgang, auch mit uns selbst. Und unser Werkzeug ist die Wahrnehmung dessen, was jetzt gerade los ist: Beim Kind, bei mir selbst und um uns herum. Und je mehr wir lernen, offen und urteilsfrei auf eine Situation zuzugehen, zunächst einmal wahr- und anzunehmen, was gerade geschieht, desto weniger werden wir uns auch selbst verurteilen. Und desto mehr werden auch in schwierigen Situationen Auswege und Lösungen entstehen, an die wir nicht gedacht hätten, nicht hätten denken können und die wir auch nicht hätten machen können.

Und immer ist es ein Wechselspiel. Wenn wir lernen, schwierige Situationen mit Kindern oder Streitereien und Konflikte von Kindern achtsam zu begleiten, lernen wir für uns selbst etwas. Alles, was wir in der Arbeit mit Kindern in uns an pädagogischem Know-How entwickeln, z. B. respektvollen Umgang, all das können wir auch auf uns selbst anwenden, im Umgang mit uns selbst. Letzteres fällt uns manchmal viel schwerer. Auch weil wir – wie Christopher Germer sagt – mit uns selbst oft „gnadenlos" sind.[8] Aber selbst dieses Gnadenlose mit uns selbst können wir beginnen zu entdecken und mit lebendigem Interesse zu erforschen, anstatt gleich aus den Latschen zu kippen. In all unsere Abgründe zu schauen ist gerade für uns PädagogInnen manchmal ein heilsamer Schock und ein Grund mehr, uns der Übung der Achtsamkeit zuzuwenden.

Unser Leben mit Kindern und unsere Arbeit im Kindergarten ist kein Honiglecken. Es stellt uns vor manche Herausforderung und geht nicht selten an unsere Belastungsgrenzen. Und gleich-

8 Christopher Germer: *Der achtsame Weg zur Selbstliebe. Wie man sich von destruktiven Gedanken und Gefühlen befreit.* Freiburg i. Br.: Arbor-Verlag, 4. Aufl. 2013, S. 138.

zeitig können wir das große Glück finden, ein Stück vom Himmel. Wir können in unsere Abgründe schauen und in die Tiefen unseres berührten Herzens. Dazu braucht es keine außerordentlichen Dinge. Manch großes Glück lässt sich in kleinen Alltagserfahrungen finden. Alles, was es dazu braucht, ist ein Moment der Gegenwärtigkeit. Ein Augenblick der *Achtsamkeit.* Wenn wir uns diesem großen Wort nähern wollen, brauchen wir nichts anderes als das, was uns das Leben gerade hier und heute als Material zur Verfügung stellt. Wenn wir uns auf einen Übungsweg machen wollen, dessen Wurzeln zurückreichen in die Jahrtausende alten spirituellen Traditionen des Buddhismus, der christlichen Mystik und anderer mystischer Wege, dann geht es nicht um die außerordentlichen Dinge. Nicht um ekstatische Erfahrungen nach stundenlangem oder tagelangem Meditieren und nicht um einen radikalen Ausstieg aus dem üblichen Leben. Unsere Übung beginnt hier und jetzt. Dort, wo wir sind. Dort, wo uns unser Leben hingestellt hat. Dort, wo wir unser kleines Menschsein wagen und dort wo wir uns vielleicht manchmal – wie alle anderen auch – so durchwursteln. Leben mit Kindern ist auch nichts für Perfektionisten. Oder vielleicht *gerade* für sie. *Und* für Feiglinge. Gut dosiert dürfen wir gerade mit Kindern all unsere Stärken und Schwächen kennenlernen, Vorlieben und Macken, was wir hassen (achten wir mal darauf, wie oft wir uns plötzlich sagen hören „ich hasse es, wenn …"), aber auch was wir lieben. Manches wird von unseren Kindern auch schonungslos offengelegt. Und wir dürfen einsehen, dass wir so toll auch wieder nicht sind, wie wir vielleicht manchmal dachten, bevor ein Kind in unser Leben trat. Und können uns gleichzeitig versöhnen und anfreunden mit dem kleinen, unfertigen, unvollendeten und wunderbaren und liebenswerten Menschen, der in uns selbst wohnt.

Kinder schonen uns nicht. Nicht zuletzt deswegen sind sie unser Selbsterfahrungskurs, unser Übungsweg. Sie lieben uns so ähnlich, wie die große spanische Mystikerin Teresa von Ávila ihren Herrn Jesu sagen hörte, als ihr Karren auf einer ihrer beschwerlichen Reisen zur nächsten Klostergründung wieder einmal im Graben gelandet war: „Das mache ich nur mit meinen Freunden, die ich liebe." Schlagfertig wie sie war, antwortete sie: „Deswegen hast du so wenige!"

In den Jahren, in denen unsere Kinder klein sind und uns manchmal den letzten Nerv ziehen, selbst wenn sie noch so nett sind, können wir allmählich auch nachvollziehen, warum Kinder (wie Jesus bei Teresa) nicht überall Freunde haben. Die Geburtenrate bleibt in unseren westeuropäischen Ländern markant niedrig. Unsere Lebensräume sind nicht gerade kinderfreundlich und die Lebensweise, Strukturen und Trends unserer Gesellschaft erst recht nicht. Es ist allemal eine weiterreichende Entscheidung und Verantwortung, als sich ein Auto oder ein Haustier anzuschaffen, und es ist überhaupt fragwürdig und erschreckend, dass dieser Begriff für Kinder verwendet wird, als ob wir sie uns wie ein Konsumgut *anschaffen* könnten. Wenn also Kinder quasi automatisch für ein Leben in Partnerschaft „angeschafft" werden sollen, ist es vielleicht ohnehin besser, sich das nochmal gut zu überlegen. Denn das Kind wird uns nicht nur intensiver beschäftigen und herausfordern als Konsumgüter oder andere leblose Faktoren eines „normalen" oder gewünschten Lebens, es wird (hoffentlich) sein Eigenleben führen. Und nur so kann ihr Leben auch unser Leben berühren und bereichern, auch wenn das nicht ihre Aufgabe ist.

„Kinder sind wohl so ziemlich die einzige ‚Anschaffung', bei der man sich wirklich festlegen muss," wie Birte Müller so treffend schreibt,[9] vor allem, wenn uns – wie bei ihr – ganz besondere Kinder geschenkt und aufgegeben sind. Wir werden dabei auch entdecken, dass wir dafür Entbehrungen in Kauf nehmen müssen und können, sowie Demut und Dienstbereitschaft lernen

9 Birte Müller: „Sondermodell Willi" In: *Mit Kindern Wachsen.* Oktober 2015, S. 34–39, hier S. 36.

dürfen und mit allerhand in uns selbst konfrontiert werden. Wir dürfen uns bewusst für Kinder entscheiden, ohne je wissen zu können, wie wir diese Aufgabe meistern werden und ob „alles gut gehen wird“ oder wir gut genug sein werden. Es ist ein Abenteuer und eine „Heldenreise“ von Anfang an und es hält neben Prüfungen auch Wunder, Schätze und Heilung für uns bereit. Wer sich also gegen Kinder entscheidet, verpasst sicherlich einiges, was das Leben wertvoll und spannend macht. Kinder reißen uns aus Trott, Trance, Stillstand und Schlaf. Am liebsten am Sonntag morgen.

Banane. Schwein gehabt am Sonntag morgen

Sonntagmorgens: Meine Frau und ich sind spät schlafen gegangen, unsere Jüngste (drei Jahre) steht früh auf. Glücklicherweise hat sie in ihrer Großtante, die auch im Haus wohnt, eine Freundin gefunden, die auch früh aufsteht. Dennoch kommt sie bald von ihrem ersten kurzen Ausflug zu uns zurück ins Bett und will die Mama nicht mehr schlafen lassen.

Ich stehe auf, das Kind kreischt schon, weil nicht ich, sondern die Mama aufstehen soll, und ich mache mich wenig später vollends zum Feind, als ich Lio nach ihrem zweiten Ausflug zur Großtante nicht mehr ins Schlafzimmer lasse, damit meine Frau noch ein wenig vom dringend benötigten Schlaf nachholen kann. Bei ihrer dritten wütenden Flucht zur Großtante klagt sie ihrer Freundin ihr Leid: Nicht nur, dass die Mama noch immer nicht aufgestanden ist – jetzt lässt der böse Papa das Kind nicht einmal mehr zu seiner Mama. „Arg!“ meint auch die Großtante voller Empathie. Und der Papa kommt sich endgültig vor wie ein Schwein...

Kurz überlege ich, ob ich der Tante meine Gründe darlegen soll, biete aber stattdessen durch die offene Wohnungstür an, Lio ein Brot zu schmieren. Ich ahne schon, dass sie der Hunger reitet. Aber wie soll das Kind von einem Schwein ein Angebot annehmen? Jeder

Versuch meinerseits wird entweder ignoriert oder zerschellt am verzweifelt kreischenden „Ich will zur Mama!".

Erst als Lio doch wieder kommt und kurz den Vater im Schwein besucht, der Vater die nasse Wäsche zum Aufhängen ins Wohnzimmer bringt und sich nicht mehr offensichtlich um den Hunger des Kindes kümmert, sondern nur ganz nebenbei eine Banane als Rettungsring auf den Couchtisch legt, greift Lio zu.

Und wir werden wieder Freunde. Ein Glück, dass das bei Kindern so schnell geht...

3

Was ist Achtsamkeit

Achtsamkeit boomt. Es ist ein neues Schlagwort geworden. Und wenn wir uns ernsthaft damit auseinandersetzen und uns darin üben wollen, wird uns das Schlagwort nicht selten um die Ohren gehauen: „Sehr achtsam von dir…“, heißt es dann vielleicht, wenn man unbequem oder gerade einmal nicht so gut aufgelegt ist. Es ist, als ob man beispielsweise nicht mehr wütend sein dürfte. „Achtsamsein“ wird dann meist mit Vorsichtig- oder gar Nettsein gleichgesetzt.

Achtsamkeit wird hier als Weg verstanden. Es ist kein Mäntelchen, das wir uns umhängen, weil es vielleicht gerade Mode ist, oder eine Fahne, die wir vor uns hertragen könnten. Kinder können das schon gar nicht leiden, weil sie jedes Fahnetragen, jede Erziehungsmode oder gar „Projekt“, das wir mit ihnen vorhätten, auf Herz und Nieren prüfen und uns immer hautnah, als Menschen mit Fleisch und Blut, hinter allen Moden und Methoden spüren möchten. Aber das ist ganz im Sinne dieser Praxis. Wir würden Achtsamkeit ohnehin völlig missverstehen, wenn wir uns äußerlich einen neuen Anstrich geben oder sie als Mittel für einen Zweck einspannen wollten. Sie bringt uns quasi nackt in Kontakt mit der Welt, mit unseren Kindern und mit uns selbst. Insofern bewahrt sie uns nicht einmal davor, uns manchmal wie ein Schwein zu fühlen. Eher kommen wir unseren Gefühlen wieder näher, weil sie uns bewusst werden, während sie vielleicht früher im Untergrund ihre Wirkung taten, ohne dass wir sie greifen konnten. Und so können wir auch selbst in Verwirrung geraten, wenn in der Auseinandersetzung mit der Achtsamkeitspraxis plötzlich die Frage auftaucht, ob man auch achtsam wütend sein kann bzw. „darf". Es kann jedenfalls nicht darum gehen, seine Gefühle zu verdrängen oder nicht mehr zeigen zu dürfen. Und schon gar nicht darum, unsere persönlichen Grenzen oder die anderer nicht mehr zu schützen und um einer scheinbaren Harmonie willen Konflikten mit Kindern (und anderen Menschen) aus dem Weg zu gehen. Achtsamkeit kann manchmal genau das Gegenteil davon bedeuten.

Also was ist dann Achtsamkeit? Im Grunde geht es darum mitzukriegen, was gerade läuft. Was gerade geschieht, was vor sich geht: in mir, um mich herum und in unserem Fall in Kindergarten und Familie natürlich auch bei den Kindern oder bei meinem Kind. Von Moment zu Moment zu Moment. Das klingt so einfach und ist es doch so oft nicht. Wir neigen einfach dazu, viele Sachen zugleich zu tun, in der heutigen Zeit sogar immer noch mehr. Die neuen Medien beschleunigen unser Leben immer weiter, machen es noch unübersichtlicher und lenken uns weiter ab von dem, was gerade jetzt im Vordergrund wäre und *eigentlich* unsere Aufmerksamkeit bräuchte. Die Übung der Achtsamkeit kann unseren unsteten Geist, der immer mit „tausend Dingen" beschäftigt ist, die angeblich wichtiger sind als das, was gerade vor unseren Augen oder unserer Nase wäre, stabilisieren. Jon Kabat-Zinn schreibt: „Schon die kleinste Erinnerung daran, dass ‚es einfach das ist' und dass wir jetzt leben und schon hier sind, kann viel verändern."[10] In der

10 Jon Kabat-Zinn: *Achtsamkeit für Anfänger.* Freiburg i. Br.: Arbor-Verlag, 2013, S. 141.

Achtsamkeitspraxis üben wir uns auszurichten auf den gegenwärtigen Moment. Sie öffnet unsere Sinne, die am Hier und Jetzt am nächsten dran sind und uns buchstäblich in Kontakt, in Berührung bringen können mit dem, was gerade geschieht. Achtsamkeit hilft uns, wie Eckhart Tolle das so schön formuliert, „aufzuwachen aus dem Traum des Denkens“.[11] So lange wir unseren Gedanken, Sorgen und Problemen nachhängen, solange wir tagträumen, solange wir auf Automatik geschaltet haben oder „schlafen“, wie Anthony de Mello es nennt,[12] kommen wir nicht in Kontakt mit unseren Kindern, mit dem wirklichen Leben, mit uns selbst. Und wenn wir gerade aufgestanden sind und tatsächlich noch gerne schlafen würden, sind wir erst recht herausgefordert. Wenn wir nicht im Lot sind, unausgeschlafen oder unausgeglichen, braucht es nicht viel, um uns aus der Bahn zu werfen und all die kleinen Nettigkeiten zu sagen, die wir nie zu unseren Kindern sagen wollten, oder die eingeprägten Muster abzuspulen, die wir längst überwunden haben wollten. Eine *kleinste Erinnerung* hier kann uns retten, wie die Banane das Kind rettet. Allein an diesem Sonntagmorgen zu schweigen und auf den Ärger meiner Tochter nicht einzusteigen, eröffnet den Blick auf das, was es jetzt gerade braucht. Das ist natürlich eine kleine Erfolgsgeschichte, die aus 100 missglückten Versuchen hervortritt und vom Autor flugs verarbeitet und veredelt werden kann. Aber es sind gerade diese kleinen Momente, die uns weiterbringen. Wir brauchen es aus neurobiologischer Sicht, genau solches Gelingen zu erinnern und zu feiern.[13] Sie weisen uns den Weg, sie stärken uns gegen die Tendenz, uns ständig mit den Schwierigkeiten zu beschäftigen. Sie

---

11 Eckhart Tolle: *Stille Spricht. Wahres Sein berühren.* München: Wilhelm Goldmann Verlag, 2. Aufl. 2003, S. 24.

12 Anthony de Mello: *Der springende Punkt. Wach werden und glücklich sein.* Freiburg i. Br.: Herder Verlag, 9. Aufl. 1999, S. 9.

13 Vgl. Rick Hanson: *Just 1 Thing. So entwickeln Sie das Gehirn eines Buddha.* Freiburg i. Br.: Arbor-Verlag, 2. Aufl. 2013, S. 30–37.

zeigen uns, dass wir uns weiterentwickeln und an den kleinen und großen Herausforderungen wachsen können.

Nur wenn wir wach sind und „voll da“, können wir erkennen, sehen, wahr-nehmen. Dann entsteht Raum, um immer tiefer zu verstehen, wie unser Geist funktioniert, um Abstand zu gewinnen, um althergebrachte Muster zu erkennen, für einen Moment auszusetzen oder nach und nach zu überwinden.

Nur wenn wir in Berührung kommen mit dem gegenwärtigen Augenblick, können wir uns öffnen für die kleinen Dinge und die großen Gefühle. Achtsamkeit kann unser Herz öffnen – für das kleine Glück und die große Liebe. Aber auch für Mitgefühl mit all den Menschen, die leiden. Sie bewahrt uns davor abzustumpfen und uns abzuwenden von den *Höllenbereichen* und der *ganzen Katastrophe* des Lebens, wie Jon Kabat-Zinn es mit Alexis Sorbas nennt.[14] Sie macht uns empfänglich für manch großes Leid schon bei den kleinen Menschen, die uns anvertraut sind, ohne uns darin zu verlieren oder in blinden Aktivismus zu verfallen. Achtsamkeit schenkt uns auch hier das rechte Maß und Gespür, was jetzt möglich oder dran ist.

Aber hüten wir uns vor dem Anspruch, jeden Moment des Tages achtsam zu sein. Das würde uns heillos überfordern. Bei aller Entschlossenheit, die ein Übungsweg braucht, brauchen wir mindestens so viel Barmherzigkeit mit uns selbst. Achtsame Momente, Situationen, in denen uns Dinge bewusst werden, die wir bisher nicht beachtet haben, werden von selbst häufiger. Wir müssen nichts forcieren, wir fangen an zu üben und bleiben geduldig dabei.

---

14 Jon Kabat-Zinn: *Achtsamkeit für Anfänger.* A.a.O., S. 103, 108.

Teil 2

Neun Übungen

4

Nicht tun

„Setze dich still hin und lasse dich", sagte der große deutsche Mystiker des Mittelalters, Meister Eckhart. Setz dich still hin und *lasse deine Kinder*, könnte man für uns Erziehende hinzufügen. Gerade mal für ein paar Augenblicke: Hinsetzen, nur da sein, schauen, wahrnehmen, nichts *tun*. Das ist der erste Schritt. Damit beginnt die ganze Achtsamkeitspraxis. Hier fängt unser Übungsweg an. Es gibt kaum etwas Einfacheres als das. Und doch ist es so schwer. Aber wenn wir Achtsamkeit üben wollen, also lernen, „wahrzunehmen, was gerade geschieht, während es geschieht"[15], ist es unabdingbar, sich einfach mal still hinzusetzen und sich (und andere) zu lassen. Das ist die Voraussetzung für die Wahrnehmung unserer eigenen Prozesse genauso wie für die Prozesse der Kinder, für die wir Verantwortung tragen. Nun werden wir *Nicht tun* nicht gerade dann üben, „wenn unser Kind mit dem Laufrad auf eine befahrene Kreuzung zurollt", wie Julia Grösch in ihrem Artikel „Weniger tun – mehr erfahren" drastisch

---

15 So und ähnlich beschreibt Jon Kabat-Zinn Achtsamkeit immer wieder.

verdeutlicht.[16] *Nicht tun* heißt auch nicht „passiv oder lethargisch zu sein". „Es bedeutet im Gegenteil wach zu werden und mit größerer Leichtigkeit auf das zu reagieren, was kommt und getan werden will."[17]

Schon Maria Montessori empfahl ihren Schülerinnen, die in den Kinderhäusern arbeiteten, innerlich am Rechenbrett eine Perle von links nach rechts schieben, bevor sie automatisch eingriffen oder irgendetwas zu den Kindern sagten – und wie oft spulen wir einen automatischen Satz nach dem anderen ab, gerade wenn wir für eine ganze Gruppe von Kindern zuständig sind. Vielleicht kommt durch diese kurze Unterbrechung ein anderer Satz als der automatisierte oder es ist gar nicht mehr nötig, etwas zu sagen oder einzugreifen. Montessoris große Schülerin Rebeca Wild hat mit ihrem Mann zusammen die Montessoripädagogik ins Heute übersetzt. Sie beschrieb die *Nicht-Direktivität* als „Achse einer neuen Pädagogik".[18]

Nicht-Direktivität

Nicht-Direktivität erfordert und weist uns zugleich einen Weg zur Achtsamkeit. Vielleicht könnten wir sogar sagen: Was wir vermeiden, ist die Direktivität. Was wir suchen und üben ist die Achtsamkeit. Wenn wir also *nicht* direktiv sein wollen, was wollen wir dann? Ich schlage die Achtsamkeit als Pendant zur Nicht-Direktivität vor.

---

16 Julia Grösch: „Weniger tun – mehr erfahren". In: *Mit Kindern wachsen*, Oktober 2015, S. 18–20, hier S. 18.

17 Julia Grösch: ebd., S. 19.

18 Rebeca Wild: „Nichtdirektivität – Achse einer neuen Erziehung". In: *Mit Kindern Wachsen (Kennenlernheft)* o.J. (1996), S. 4-5.

Einem Kind gegenüber direktiv zu sein bedeutet, es bewusst oder unbewusst in seiner Wahrnehmung, seinem Empfinden und Erleben, seiner Bewegung oder seinen Interessen und seinem Lernen zu lenken und zu bestimmen. Direktiv ist im Grunde jeder Eingriff in Entwicklungs- bzw. Lebensprozesse. Warum dies problematisch ist, zeigt sich am Beispiel anderer Lebenssysteme wie etwa bei Ökosystemen: Jeder Eingriff in ein Ökosystem, z. B. jede Bachstillegung, Rodung von Wäldern oder Einführung fremder Tier- oder Pflanzenarten, kann das sensible Gleichgewicht durcheinanderbringen und natürliche Entwicklungsprozesse behindern oder irreleiten. Natürlich steht jeder Mensch in der Interaktion mit anderen, jeder Lebensprozess ist verknüpft mit allen andern Lebensprozessen. Worum es geht, ist, zurückhaltender und bewusster zu werden in unseren Eingriffen im Wissen darum, dass jedes Kind sein eigenes Geheimnis hat, seine eigene Persönlichkeit mit individuellen Bedürfnissen und einer persönlichen Integrität. Wie jeder Lebensprozess entfaltet es sich von innen heraus und folgt dem innewohnenden Plan und einer eigenen Bestimmung. Je automatischer, sorgloser und massiver wir eingreifen, desto stärker behindern wir diese natürliche Entfaltung. Die Praxis der Achtsamkeit geht von der Würde und Individualität jedes Menschen aus und weist uns unsere Aufgabe und Verantwortung im Leben und Arbeiten mit Kindern zu. Diese besteht nicht darin, unbeschriebene Blätter zu beschreiben oder aus einem unfertigen Menschen etwas zu *machen.* Jeder Lebensprozess *macht sich* – in der Interaktion mit seiner Umgebung – *selbst.* Solange wir das nicht voraussetzen, glauben wir Erziehende, es hinge alle Entwicklung und Bildung unserer Kinder von uns ab, genauer noch: von unserem Tun und Machen. Deswegen ist es so wichtig, einen Schritt zurück zu tun, einmal nichts zu machen und zu schauen, was passiert.

Dies ist auch die Grundlage dafür, die wirklich authentischen und *gegenwärtigen* Bedürfnisse der Kinder zu erkennen und ihnen Möglichkeiten zu bieten, diese zu befriedigen, anstatt unseren

Blick auf zukünftige Erfordernisse zu richten und die Kinder dahingehend zu fördern und vorzubereiten. Als Betreuungspersonen können wir uns bemühen, uns zurückzunehmen und doch gegenwärtig zu sein, das Kind in seiner Individualität und in seinem je eigenen Entwicklungsprozess zu respektieren und zu begleiten, ihm Freiheit zu gewähren, die zugleich gebunden ist an feste und „mitwachsende" Grenzen, und in allem seinem Urbedürfnis nach Angenommensein und Liebe ohne Bedingungen zu entsprechen. Da das Kind von der Liebe des Erwachsenen grundsätzlich abhängig ist, wird es eher seine autonomen Bedürfnisse opfern, als auf die Liebe oder auch nur auf die Aufmerksamkeit des Erwachsenen zu verzichten. Je unachtsamer wir den Bedürfnissen des Kindes gegenüber sind und je direktiver wir unser Wissen, unsere Vorstellungen und Werte auf unser Kind übertragen, desto weiter muss das Kind seinen Drang, eigenständig die Welt zu erforschen, und sein eigenes inneres „Programm" zurückdrängen. „An die Stelle der Entfaltung des kindlichen Potentials tritt eine Konditionierung, eine Programmierung" von außen.[19] Nicht-Direktivität ist „tatsächlich der Weg zu einer authentischen menschlichen Entwicklung",[20] nur so respektieren wir die Würde des Menschen und damit auch des Kindes. Wird ein Kind immer wieder zu einer Aktivität gedrängt, die nicht seinen Bedürfnissen entspricht, missachten wir auf Dauer damit nicht nur die Integrität und Würde des Kindes, sondern verursachen damit auch Spannungen, von denen sich das Kind auf verschiedene Weise zu befreien sucht. Dabei ist es letztlich unerheblich, ob wir in liebevoll motivierender Weise sanft direktiv sind oder offensichtlich und nachdrücklich.

Das Bewusstsein für unsere eigene Direktivität entwickelt sich meist sehr langsam und wir müssen uns immer wieder

---

19 Rebeca Wild ebd., S. 4.

20 Rebeca Wild ebd., S. 5.

daran erinnern bzw. uns unserer Muster bewusst werden, da wir ganz automatisch in das zurückfallen, was wir selbst erfahren und internalisiert haben. Wie bei der Praxis der Achtsamkeit ist unser Stolpern über unsere Unachtsamkeit bzw. Direktivität ein Königsweg, Achtsamkeit bzw. Nicht-Direktivität zu üben.

Was wir dabei lernen können, wenn wir uns auf diesen nicht-direktiven Weg machen, ist nichts Geringeres als eine neue Haltung dem Kind oder überhaupt den Menschen und allen anderen lebendigen Organismen gegenüber. Denn es geht hier nicht um eine neue pädagogische Methode, einen neuen Trick oder eine neue Mode, sondern hier trifft sich die Entwicklungspsychologie mit modernen neurologischen Forschungen, aber auch mit den Erkenntnissen über ökologische und soziale Probleme überall auf der Welt:

„Wollen wir das Leben auf unserem Planeten nicht noch mehr gefährden, so wird es immer dringlicher, biologische Prozesse auf den verschiedensten Ebenen zu respektieren, statt die Natur zu unterdrücken, zu bestimmen und auszunutzen. Und diese Forderung gilt nicht nur für die äußere Welt, sondern eben auch für die Natur des Menschen, der ja Teil des großen Lebensnetzes ist.“[21]

In der Beziehung zu Kindern und anderen Menschen geht diese neue Haltung einher mit einer neuen Sprache, d. h. wir können nicht nur lernen, *aufmerksamer* zu werden für das, was in unseren Kindern vorgeht, *behutsamer* mit ihren authentischen Bedürfnissen umzugehen und *langsamer* in unseren spontanen Reaktionen zu werden. Wir können gleichzeitig lernen, wie wir mit Kindern reden können, dass sie sich gesehen, wahrgenommen und verstanden fühlen, ohne sie aber zu lenken oder zu manipulieren.

---

21 Rebeca Wild ebd., S. 5.

Die Stille entdecken

Was unseren Kindern dient, dient immer auch uns. Auch wir erleben uns in einem Geflecht von Anforderungen, Ansprüchen und Bedürfnissen. Unser Berufsalltag im Kindergarten oder unser Alltag mit Kindern zu Hause tendiert dazu, auch uns völlig zu vereinnahmen. Wie in anderen Berufen auch finden wir uns plötzlich in einem Hamsterrad wieder, das uns äußerlich und innerlich keine Unterbrechung erlaubt. Wir sind es gewohnt, immer etwas zu tun. Oder zumindest immer etwas zu tun zu haben. Gerade als Eltern oder PädagogInnen im Kindergarten sind wir permanent zuständig. Es ist kaum möglich, eine Pause zu machen, schon gar nicht dabei, Verantwortung zu tragen. Wie wäre es, sich mitten im Getümmel einmal irgendwo an den Rand zu setzen und einfach nur da sein? Diese Unterbrechung zumindest im Tun hätte eine große Kraft für unsere pädagogische Arbeit wie für uns persönlich. Eine Minute nur, zwei, drei, fünf Atemzüge bei sich sein. Eine Minute spüren, was in mir ist und um mich herum vor sich geht.

Pierre Stutz, ein bekannter katholischer Theologe, spiritueller Begleiter und Autor zahlreicher Bücher zu einer Mystik des Alltags, schreibt einmal über Etty Hillesum, eine junge jüdische Frau, die in der furchtbaren Realität des Konzentrationslagers Auschwitz die Kraft der Stille entdeckte: „Die Stille wird für sie zu einer Lebensnotwendigkeit, um weiterhin mit größter Präsenz und Klarheit mitten im Leben stehen zu können.“[22]

Etty Hillesum schrieb in ihr Tagebuch: „Das ist eigentlich unsere einzige moralische Aufgabe: In sich selbst große Flächen urbar machen für die Ruhe, für immer mehr Ruhe, so dass man diese Ruhe wieder auf andere ausstrahlen kann. Und je mehr

22 Pierre Stutz: „Die Kraft der Stille“, in: *Publik Forum* Nr. 21, 2013, S. 33-34, hier S. 33.

Ruhe in den Menschen ist, desto ruhiger wird es auch in dieser aufgeregten Welt sein." Sie liegt in der Nacht oft wach und lässt die „Ereignisse, die viel zu vielen Eindrücke eines viel zu bewegten Tages" im Geist an sich vorbeiziehen und denkt: „Lass mich dann das denkende Herz in dieser Baracke sein. Ich möchte das denkende Herz eines ganzen Konzentrationslagers sein."[23]

Wenn Hillesum das in dieser grausamen Zeit an diesem grausamen Ort sein kann, können wir es auch an unseren Orten, selbst wenn es auch bei uns manchmal drunter und drüber geht. Die Achtsamkeitspraxis ist nichts anderes, als in kleinen, kleinen Schritten „Flächen urbar zu machen" für die Stille. Nur wenn wir die Stille in uns kultivieren, kann diese Stille auch auf unsere Umgebung ausstrahlen. Noch einmal Pierre Stutz: „Die Kraft der Stille können wir auch mitten im Alltag erfahren. Wir können uns selbst unterbrechen, um uns nicht einfach nur leben zu lassen. Wir haben viel mehr Möglichkeiten, um der Seele Atempausen zu gönnen, als wir meinen."[24]

Nicht tun ist die Voraussetzung, um Achtsamkeit zu üben. Es ist ein erster Schritt, dem viele weitere „erste" Schritte folgen. Immer wieder beginnt unsere Praxis beim Nicht-Tun. Erst im Nicht-Tun können wir uns selbst und unsere Umgebung wahrnehmen. Im Nicht-Tun können wir lernen einfach (da) zu sein. Und im Nicht-Tun können wir uns und andere sein lassen, können geschehen lassen, loslassen.

---

23 Zitiert bei Pierre Stutz ebd.

24 Pierre Stutz ebd., S. 34.

In die Luft schauen

Ich bin mit zweien unserer Kindergartenkinder im Bewegungsraum im Keller. Anna, Michael[25] und ich liegen auf dem Rücken auf den Turnmatten. Wir reimen so vor uns hin. Manchmal berühren wir uns, manchmal balgen wir kurz, um dann wieder auf dem Rücken zu landen.

Ich widerstehe dem Impuls, dass ich jetzt irgendetwas („Sinnvolles"?) tun sollte oder nach den anderen schauen, da ja meine Kollegin mit dem Rest der Gruppe alleine ist, und ich bleibe jetzt doch einfach noch kurz mit ihnen liegen. Exklusiv mit zwei Kindern, ohne etwas zu tun.

Anna und Michael kommen oft nicht gut miteinander aus. Bisweilen auch erschwert dadurch, dass ich Annas Papa bin und sie es nicht so gut aushält, wenn auch Michael meine Nähe sucht. Manchmal aber finden sich Anna und Michael. So wie jetzt, wo wir miteinander nichts tun. Und doch zusammen sind, einfach da.

Und ich spüre, dass in dieser „Leerstelle" Wichtiges geschehen kann. Anna sagt schließlich, sie möchte heute gerne jemanden einladen. Ich sage, von mir aus gerne.

„Aber wen?", fragt sie.

Wir liegen immer noch zu dritt auf dem Rücken und ich frage mich, ob sie jetzt indirekt Michael fragt. Der jedenfalls meint vorsichtig:

„Vielleicht mich?"

Anna weiß nicht recht und sagt, sie möchte es sich noch überlegen.

Ich bin berührt von dieser zarten Begegnung und Annäherung, aber auch von der Kompetenz einer Sechsjährigen, sich das noch einen Moment offen zu lassen, und der eines Fünfjährigen, mutig

25 Alle Namen von Kindern wurden geändert, ausgenommen die Namen meiner Kinder.

zu fragen und damit gut leben zu können, dass er noch auf eine Antwort warten muss. Am Ende vereinbaren sie tatsächlich, dass Michael zu uns kommt.

Was haben wir heute im Kindergarten getan? Nichts Besonderes. Wir haben nur in die Luft geschaut und einander berührt.

In den kleinen alltäglichen Dingen mit Kindern ist es nicht anders als bei den großen gesellschaftlichen Herausforderungen: Es ist manchmal wichtiger nichts zu tun: um Dinge zuzulassen, um Dinge geschehen zu lassen, denen wir manchmal eher im Weg stehen als hilfreich zur Seite. Aber auch um nach innen zu schauen und die Dinge von innen nach außen zu entwickeln, wie Rebeca Wild es für die Kinder reklamiert und aus den Erkenntnissen der Biologie als „Richtung" jedes Lebensprozesses beschreibt. So lässt sich verstehen, was Thich Nhat Hanh so treffend formuliert hat:

„Viele Leute werden aktiv, aber wenn ihr Geisteszustand nicht friedvoll oder glücklich ist, säen ihre Handlungen nur noch mehr Unruhe und Ärger und verschlimmern die Situation. Statt also zu sagen: ‚Sitz nicht einfach herum, tu lieber etwas', sollten wir im Gegenteil sagen: ‚Tu nicht einfach etwas, setz Dich lieber hin.'"[26]

Daran dürfen wir uns auch mit unseren Kindern zu Hause wie in der Arbeit mit Kindern hin und wieder erinnern.

---

26 Thich Nhat Hanh, zit. nach *GEA brennstoff* Nr. 12/08, S. 11.

Übung

Achte auf einen Moment, in dem du kurz nicht weißt, was jetzt als Nächstes zu tun ist. Vielleicht ist es gerade relativ ruhig im Kindergarten oder bei dir zu Hause. Du musst also im Moment eigentlich nicht unbedingt etwas tun. Das ist eine Gelegenheit, dich mal für ein paar Minuten irgendwo an den Rand zu setzen. Versuch dich mal in diesem Nicht-Tun. Es wird dir unweigerlich schnell etwas einfallen, was du vergessen hattest oder was du noch tun wolltest etc. Aber wenn es nicht lebensentscheidend ist, kann es warten. Wenn doch, wird es dir auch danach wieder einfallen.

Nimm dir diese Minuten ganz und gar Zeit für dich. „Instant-Meditation" nennt das Lienhard Valentin. Wie geht es dir? Jetzt gerade in diesem Moment. Schau kurz bei dir vorbei. Nimm wahr, was in dir ist an Gedanken und Gefühlen. Und versuche für ein paar Atemzüge bei dir zu sein. Dich zu regenerieren, indem du wahrnimmst, wie dein Atem dir Leben spendet und dich mit Sauerstoff und Energie versorgt, während du einatmest. Und wie er dir hilft, alles Unnütze, Verbrauchte und Belastende loszulassen, während du ausatmest.

5

Aufwachen

Sobald wir uns erlauben nichts zu tun, still zu werden, einfach da zu sein, werden wir unseren Geist kennenlernen. Sobald wir also versuchen still zu werden, werden wir vielleicht mit Schrecken feststellen, wie wenig still es in uns ist. „Ruhe da oben", möchten wir mit Andreas Knut[27] unserem lärmenden Geist zurufen. Aber so leicht ist es meist nicht: Der Kopf „da oben" hört meist nicht auf Zuruf. Und wenn wir uns auf einen „Kampf" einlassen wollten, würde „der da oben" nie Ruhe geben. Wir müssen einsehen, dass das „ganz normal" ist. So funktioniert einfach unser Geist. Ständig bei der Arbeit, ständig beim Assoziieren, Sortieren, Analysieren, Ausdenken, Nachdenken, Überdenken. Und doch haben wir hier schon einen entscheidenden Schritt angedeutet: Wir können „den da oben" beobachten und damit einen kleinen Abstand schaffen, einen Raum zwischen unseren Gedanken (mit denen wir uns sonst automatisch identifizieren) und dem

27 Andreas Knuf: *Ruhe da oben. Wege aus der Grübelfalle.* Freiburg i. Br.: Arbor-Verlag, 2012.

Erkennen dieser Gedanken. Dieses Erkennen und Beobachten erst ermöglicht uns den Übungsweg der Achtsamkeit zu beginnen und im Grunde unser Leben lang fortzusetzen. Im Laufe unserer Übungspraxis können wir langsam lernen, unsere Aufmerksamkeit zu stabilisieren. So müssen wir nicht ständig mitgehen mit „dem da oben“, nicht mehr alles glauben, was dort gedacht wird, uns nicht immer in den endlosen Windungen unserer Gedankenspiralen verlieren oder tun, was aus all diesen Gedanken scheinbar zwangsläufig folgt. Mit größerer Übung können wir unsere Aufmerksamkeit schärfen und sogar wie ein Mikroskop auf einen Forschungsgegenstand richten, z. B. unsere Denkmuster und wie sie sich mit Gefühlen verbinden und sich vielleicht von harmlosen Wölkchen zu richtigen Unwettern zusammenbrauen.

Neben dem äußeren Lärm gibt es also den inneren Lärm der Gedanken, der meist noch viel mächtiger ist. Den steten Strom der Assoziation und Reflexion, der uns bewusst werden kann, sobald wir innehalten und für einen Moment nichts tun. Gerade in diesem Bewusstwerden liegt das entscheidend Neue. Eckhart Tolle erachtet eine „gedankenfreie Bewusstheit“ – wie sie sich manchmal ganz spontan im Leben einstellt, wenn es gerade gelingt (oder „passiert“) absolut präsent zu sein – als das „Allerwichtigste, was dir je widerfahren kann“. In der Betrachtung der Natur, einer Erfahrung des Glücks, in einer besonderen Begegnung oder einem Gespräch, aber auch in einem Moment der Gefahr oder in einem unscheinbaren Augenblick im Alltag kann es passieren oder gelingen, plötzlich ganz präsent zu sein. Meist nehmen wir diese Erfahrung gar nicht bewusst als etwas Besonderes wahr und doch ist es der Kern dessen, was Achtsamkeit meint und uns nichts weniger als unser Leben zurückgibt: „Es ist der entscheidende Wechsel vom Denken hin zur bewussten Gegenwärtigkeit.“[28]

---

28 Eckhart Tolle: *Stille spricht. Wahres Sein berühren.* München: Wilhelm Goldmann Verlag, 2. Aufl. 2003, S. 29.

Wir halten unsere Gedanken für sehr wichtig, unser Kopf sitzt nicht nur oben auf unserem Körper, er möchte auch den Überblick und die Oberhand behalten. Unser denkender Geist hat zweifellos eine wichtige Aufgabe, aber er ist uns auch oft im Weg. Wann immer wir uns auf einen spirituellen Weg einlassen wollen, geht es zwar einerseits darum, unseren Geist zu gebrauchen – also unsere natürliche Intelligenz einzusetzen, die auch unser Nachdenken braucht – und ihn gleichzeitig in seine Schranken zu weisen, indem wir die Gedanken (wie auch unsere Gefühle und Körperimpulse) als solche wahrnehmen, sie aber nicht absolut setzen und am Ende nicht so ernst nehmen, wie sie immer vorgeben zu sein. Entscheidend ist unser Bewusstsein und Bewusst*werden*, es umfasst wie der offene Himmel den unaufhörlichen Fluss unserer Gedanken, die wie die Wolken kommen und gehen. Diesen Unterschied zwischen unserem Denken und dem Bewusstsein zu verstehen, ist eine Voraussetzung für die Praxis der Achtsamkeit wie für jede formale Übung der Meditation. Immer üben wir von neuem das Bewusstwerden. Wahrnehmen, was gerade geschieht, von Moment zu Moment, möglichst ohne es zu beurteilen. Doch das ist nicht nur die Aufgabe in der formalen Meditation, wir haben im Alltag mit unseren Kindern unbegrenzt Gelegenheit dieses „Wahr-nehmen“ zu üben.

Auch der indische Jesuit und Mystiker Anthony de Mello sprach wie Eckhart Tolle vom „Aufwachen“. Hier ist eine seiner Geschichten:

> *"Jim, wach auf!"*
>
> *Jim ruft zurück: „Ich mag nicht aufsteh'n, Papa."*
>
> *Darauf der Papa noch lauter: „Steh auf, du musst in die Schule!"*
>
> *„Ich will nicht zur Schule gehen."*
>
> *„Warum denn nicht?", fragt der Vater.*

„Aus drei Gründen", sagt Jim. „Erstens ist es so langweilig, zweitens ärgern mich die Kinder, und drittens kann ich die Schule nicht ausstehen."

Der Vater erwidert: „So, dann sag ich dir drei Gründe, wieso du in die Schule musst: Erstens ist es deine Pflicht, zweitens bist du 45 Jahre alt, und drittens bist du der Klassenlehrer."

Also aufwachen, aufwachen! Du bist erwachsen geworden, du bist zu groß, um zu schlafen. Wach auf! Hör auf, mit deinem Spielzeug zu spielen.[29]

Wenn wir im Denken hängenbleiben, schlafen wir weiter. Wenn wir uns unserer Gedanken nicht bewusst werden, entwickeln sie ein Eigenleben und reiten uns immer wieder in die gleichen Muster hinein, die wir vielleicht überwinden wollen, weil sie nicht mehr zu unserem Leben hier und jetzt passen. Oder wir verstecken uns ständig hinter ihnen, bleiben wie Jim auf dem Bett unserer depressiven Urteile liegen und geben allen anderen die Schuld, warum das Leben so schwer ist. Oder wir flüchten uns in virtuelle Welten und bedienen uns unseres modernen digitalen Spielzeugs, um uns von *not-wendenden* Entscheidungen, Herausforderungen oder Entwicklungsschritten abzulenken und damit leider auch das immer neue und das *wirkliche* Leben im Hier und Jetzt zu verschlafen.

---

29 Anthony de Mello: *Der springende Punkt.* Freiburg i. Br.: Herder Verlag, 9. Aufl. 1999, S. 9.

Willkommen im wirklichen Leben

Wer könnte uns besser helfen aufzuwachen als unsere Kinder? Während wir in Gedanken verloren sind, stehen sie mit beiden Füßen auf dem Boden des Hier und Jetzt. Wenn wir (noch) schlafen, reißen sie uns heraus aus unseren Tagträumen, Sorgen und Plänen. Wo wir Erwachsene zunehmend unter Müdigkeit und Schwerfälligkeit leiden, vibriert ihre Lebensenergie.

Sonntag morgen am Frühstückstisch. Mutter und jüngste Tochter (sieben Jahre) sind dabei, eine schwierige Mädchen-Dynamik aus der Schule aufzurollen. Die Mutter ist zugleich die Lehrerin in unserer freien Schule und unsere Tochter ist recht aufgeregt dabei, ihre Sicht der Dinge zu äußern. Neben ihr unser Ältester (18 Jahre), der gerade aus dem noch schlafwarmen Bett gekrochen ist und nun neben sich die für seine Tages- und Lebensverfassung viel zu laute kleine Schwester am Ohr erdulden muss. Zwischen „Ma bitte net so laut!" ihres Bruders, nachfragender Mutter, ebenfalls stöhnender älterer Schwester (zwölf Jahre) und um Ausbalancierung der Kräfte bemühtem Vater („Sie ist aufgeregt und kann nicht leiser, Jonas") bringt unsere Jüngste manches auf den Punkt, bleibt aber natürlich recht laut. Sie stößt sich zum zweiten Mal mit beiden Händen samt ihrem Tripptrapp vom Tisch ab, um ihren Toast zu holen, auf dass der ganze Tisch wackelt. Meine Frau und ich schauen uns an und grinsen.

Sagt meine Frau: „Die hat Schwung für uns alle."

„Oder gegen uns, je nachdem…".

Willkommen beim heimeligen Sonntagsfrühstück der Familie Heitzer!

Langsam lernen wir uns kennen. Eine Zeit lang krachte ich oft mit Lio zusammen. Und das nicht nur, wenn ich selbst aus dem Lot war. Vor einigen Wochen passierte es so aus heiterem Himmel, als ich dachte, ich wäre sehr entgegenkommend zu ihr und ihrer Freundin gewesen, die bei uns übernachtet hatte. Auch eine

Frühstückssituation. Sie wollten draußen frühstücken, was ich gar nicht rundwegs ablehnte. Es ging nur um die Details, ich weiß gar nicht mehr genau, ob um das Geschirr oder was sie alles draußen haben wollten. Im Grunde eine Lappalie und doch eskalierte es ziemlich schnell, weil sie keinen Millimeter von ihren Vorstellungen abrückte und ich meinte, sie einschränken zu müssen. Ich blieb stinksauer, obwohl – und zum Teil auch weil – sie cool blieb und scheinbar die Sache kaum an sich heranließ. Später dann las ich zufällig in Naomi Aldorts Buch „Von der Erziehung zur Einfühlung".[30] Ein wunderbares und schreckliches Buch zugleich. Ich kann nie viel daraus lesen, weil es wie die Essenz dessen ist, was ich im konkreten Alltag mit Kindern lernen möchte. Und weil es mir gleichzeitig vor Augen führt, wie weit meine eigene Praxis und mein Nachdenken, Reden und Schreiben darüber oft auseinanderklaffen. Aber hier war es glücklicherweise lange genug nach meiner Auseinandersetzung mit Lio, um Naomis Kritik hören zu können, und zugleich nah genug dran, um meinen Alltag darin wiederzuerkennen. Kurz: Ich musste aufwachen und erkennen, dass ich so freundlich dann doch nicht war, und mit meinen hartnäckigen Resten erzieherisch autoritären Gehabes an ihr unbändiges Bedürfnis nach Selbstbestimmung geraten war. Zu meiner Beruhigung ging es sogar meiner Frau manchmal so, dass sie mit ihr wie mit einer 14-jährigen in Streit geriet. Ich war immer wieder beeindruckt, wie lange und wie oft sie mit ihren sieben Jahren uns schon mit dem ausdrücklichen Thema „Was dürfen Eltern in meinem Leben bestimmen?" konfrontiert hat, ja wie oft sie daran verzweifelte, dass wir in ihren Augen viel zu sehr die Führung übernahmen.

Über die Osterferien jedenfalls gelang es – auch mit Hilfe von Naomi Aldorts Zeilen – wieder einen anderen Blick auf meine

---

30 Naomi Aldort: *Von der Erziehung zur Einfühlung. Wie Eltern und Kinder gemeinsam wachsen können.* Freiamt: Arbor-Verlag, 2009.

Jüngste und auf mich zu bekommen. Und es hat sich wirklich entspannt. Der blaue Himmel der Liebe, der ja aus höherer Warte gesehen nie verschwindet, braucht manchmal Gewitter und Sturm, um nach Abzug der Wolken wieder sichtbar zu werden. Und: Es braucht oft lange, um sein Kind wirklich kennenzulernen, mit seinen Ecken und Kanten, Herausforderungen und Bedürfnissen. Und natürlich verändern sich gerade Kinder auch. Eine besondere Herausforderung für uns, sie immer wieder neu zu sehen und kennenzulernen und nicht in alten Bildern von ihnen hängen zu bleiben oder sie darin einzusperren.

Meine Frau und ich wähnten uns schon einigermaßen erfahren und dachten insgeheim vielleicht doch, wir hätten mit unseren ersten zwei Kindern und dann vor allem mit den vielen Kindern, die wir in Kindergarten und Schule schon begleitet hatten, bereits genug gelernt. In weisen Momenten bin ich fast dankbar, dass ich nun selbst so ein „Kaliber" zu Hause habe, um im Umgang mit solchen in meiner Arbeit und auch im Umgang mit deren *Eltern* nicht in irgendwelche Fantasien zu entschweben oder vorschnell Gründe, Ursachen, Erklärungen zu diagnostizieren. Unsere Jüngste zeigt mir, dass ich das wohl selbst noch gebraucht habe. „Sie hat uns noch gefehlt", sagen wir immer wieder im doppelten Sinn, manchmal stöhnend, manchmal augenzwinkernd, und immer zutiefst dankbar zugleich.

Manchmal passiert es, dass Eltern ihre Kinder zeitweise kaum noch aushalten. Eine Mutter sagte einmal: „Ich hasse meine Tochter." So furchtbar das klang, ich konnte sie umarmen, weil ich ihren Schmerz dahinter spürte und nachfühlen konnte, wovon sie sprach. Es ist manchmal einfach Realität, dass ich mein Kind zu laut finde, zu schrill, zu wild, grob, frech, beherrschend – was auch immer. Vielleicht bringt mein Kind genau das an die Oberfläche oder spiegelt mir, was ich an mir selbst nicht leiden kann oder wo andere auch mit mir Probleme haben. Naomi Aldort traf bei mir jedenfalls den Nagel auf den Kopf:

„Was Sie bei Ihrem Kind kritisieren, ist wahrscheinlich ein wertvoller Hinweis für Sie selbst. Nutzen Sie es also für Ihr eigenes Wachstum, dann wird sich Ihr Kind positiv verändern, weil Sie es selbst auch tun: Denn Ihr Kind spiegelt nur Ihre Haltungen.

Wenn Sie den Eindruck haben, Ihr Kind sei widerspenstig, sind Sie selbst widerspenstig. Wenn Ihr Kind unkooperativ ist, fragen Sie sich, wie kooperativ Sie ihm gegenüber sind."[31]

Manchmal ist und bleibt mir mein Kind aber auch in gewisser Hinsicht fremd. Auch wenn wir davon ausgehen können, dass unser Kind aus vielen guten Gründen genau in unsere Familie kommen musste, heißt das noch lange nicht, dass alles wunderbar harmonisch zusammenpasst. Es zeigt sich immer wieder, dass uns gerade die Irritation, das Fremde und die Schwierigkeiten aufwachen lassen und weiterbringen.

---

31 Naomi Aldort ebd., S. 146.

Übung

Wenn sich ein ähnlicher Konflikt mit deinem Kind öfter wiederholt, kann es sich lohnen, diesen näher zu erforschen.

Vergegenwärtige dir die letzte Situation noch einmal und beschreibe sie möglichst sachlich: Was genau ist passiert? Was ist es, das dich irritiert, was du nicht leiden kannst oder dich wütend macht? Es geht hier nicht darum, über eine Lösung nachzudenken. Versuche aus dem Abstand heraus nur noch einmal wahrzunehmen, was war, was geschehen ist, möglichst ohne es zu beurteilen. Mache dir vor allem bewusst, was genau dich wütend macht, was bei dir heftige Emotionen auslöst oder was du deinem Kind vorwirfst. Und dann nimm dir Naomi Aldorts Anregung zu Herzen dich zu fragen, ob und in welchen Situationen du dich vielleicht ähnlich verhältst wie dein Kind.

Es geht nicht darum, die Schuld bei dir selbst zu suchen, sondern darum, etwas Neues über dich zu erfahren, „aufzuwachen": Aha, das ist also auch Teil meines Verhaltens, das ist vielleicht ein Muster von mir. Eine Strategie, die ich vor langer Zeit aus gutem Grund entwickelt habe. Die möchte ich mir jetzt genauer anschauen. Immer wieder, wenn du ein ähnliches Verhalten entdeckst.

Und allmählich kannst du genug Abstand herstellen, einen „Zwischenraum" zwischen dem Auslöser und deiner automatischen Reaktion bzw. dem automatischen Ablaufen deines Verhaltensmusters. So kann langsam Freiheit wachsen, dich auch anders zu entscheiden, wenn du siehst, dass dein Verhalten so nicht mehr sinnvoll ist.

Ähnlich wie solche Verhaltensmuster können wir Gedanken und Bilder, feste Meinungen entdecken, z. B., wie mein Kind ist oder sein sollte. Auch diese sind in unserem Geist entstanden und haben sich verfestigt, ohne dass wir sie unter Kontrolle haben. Wenn wir uns solcher fixen Meinungen oder Sätze bewusst werden, können wir ähnlich verfahren: Wir beobachten und erforschen sie, um sie überprüfen zu können, ob sie wirklich wahr sind, ob sie uns, unserem Kind oder unserer Beziehung dienen oder eben nicht.[32] Auch das bedeutet Aufwachen.

32 Naomi Aldort zeigt dies in ihrem Buch an vielen Beispielen. Sie greift dabei vor allem auf die Arbeit von Byron Katie zurück.

6

Nicht urteilen

Unsere Definition von Achtsamkeit ist, wie schon erwähnt, *wahrnehmen, was geschieht, von Moment zu Moment, ohne zu urteilen.* Im vorigen Kapitel ging es um den ersten Teil: Erst wenn wir aufwachen, können wir wahrnehmen, was gerade vor sich geht. Ähnlich einfach und schwer zugleich ist der zweite Teil dieser Übung der Achtsamkeit: nicht urteilen. Üblicherweise kann unser Geist gar nicht anders, als unsere Wahrnehmung sofort mit unseren Vorerfahrungen zu verknüpfen und damit in Schubladen zu stecken oder an unseren vorgefassten Meinungen, Idealen oder – im Fall unseres erzieherischen Tuns – an pädagogischen Zielen zu messen. Aber wie wir schon gesehen haben, können wir eine Unterscheidung machen und einen Abstand einüben zwischen dem, was wir gerade wahrnehmen einerseits, und dem, wie unser Geist darauf reagiert andererseits. Dann haben wir die Wahl, ob wir unsere gedankliche Reaktion, unser spontanes Urteil etwa, annehmen oder zurückstellen wollen.

Ein großes Übungsfeld, um dieses Nicht-Urteilen zu lernen, ist die Begleitung der Kinder bei Konflikten bzw. bei ihrem sozialen Lernen. Bedürfniskonflikte sind im Zusammenleben von

Menschen unvermeidbar, so auch mit und unter Kindern. Kinder streiten sich um Spielzeug – oft weil ein Ding erst in der Hand eines anderen lebendig wird und dadurch Interesse weckt. Oder sie geraten aneinander, weil das sensible Verhältnis von Nähe und Distanz immer wieder neu errungen werden muss und wir meist erst spüren, dass uns jemand buchstäblich zu nahe tritt, wenn die persönliche Grenze bereits überschritten ist. Meist ist es zwischen uns Erwachsenen nicht anders als bei Kindern: Wir alle müssen uns auch im sozialen Lernen von der „Grobmotorik" zur „Feinmotorik" entwickeln. Selbst viele Erwachsene sind bei Konflikten noch recht „grobmotorisch" unterwegs, werden laut oder gar handgreiflich und lassen diplomatische und gewaltfreie Sprache, sowie Fingerspitzengefühl vermissen. Erst recht Kinder. Dennoch und gerade deshalb ist es eine große Herausforderung und zugleich Chance, Konflikte zwischen Kindern begleiten zu lernen.

Eines jedenfalls haben uns Kinder voraus: So vehement sie streiten und ihren Emotionen Ausdruck verleihen können, so schnell können sie ihre Wut und Verstimmung meist wieder ablegen. Ehe man sich versieht, spielen sie mit dem Kind weiter, mit dem sie sich gerade noch in den Haaren gelegen sind, als wäre nichts gewesen. Welche Welt hätten wir, wenn wir Erwachsenen das auch könnten? Ihr unglaublich gutes wie selbstverständliches Ankern in der Gegenwart hilft ihnen, auch größere Konflikte schnell wegzustecken und damit die Spirale der Vergeltung gar nicht erst entstehen zu lassen. Je älter sie werden, desto mehr gleichen sie sich leider uns Erwachsenen an. Wie Reinhard Mey singt: „...bis sie so klein wie wir Großen sind."[33]

In der Begleitung von Konflikten unter Kindern tun wir uns in einem professionellen Kontext, d. h. mit fremden Kindern, meist viel leichter als mit unseren eigenen. Der Streit unter

---

33 Reinhard Mey: „Du bist ein Riese, Max!" In: *Zwischen Zürich und zu Haus.* Santa Monica, CA: Universal Music (Odeon), 1995.

Geschwistern ist für manche Eltern ein Dauerbrenner und bringt sie mitunter in große Not. Manchmal wird übersehen, was es für ein (erstes) Kind bedeutet, ein Geschwisterchen zu bekommen. Nicht nur, dass die Aufmerksamkeit seitens der geliebten Eltern (und vieler anderer von der Oma bis zu den Nachbarn!) um mindestens 50 % einbricht. Zu schnell müssen sie dann auch die „Großen" sein, teilen lernen und Rücksicht nehmen, und das, obgleich man gerade quasi vom Thron gestürzt worden ist. Jesper Juul verglich diese Situation einmal damit, dass wir wie beiläufig unserer Partnerin mitteilen, dass unsere neue Geliebte nun bei uns einziehen wird… (Und dann bitte auch noch Rücksicht nehmen!). Wenn wir genauer hinspüren, kann es sein, dass wir den üblichen Reflex, das jüngere Kind zu schützen, loslassen, weil wir merken, dass das Ältere gerade mehr Schutz oder Zuwendung braucht. Wird das Kleinkind mobil, kann es helfen dem Größeren einen eigenen Bereich einzurichten, in den der oder die Kleine nicht ohne weiteres eindringen kann.

In allen Konflikten jedenfalls eröffnet sich das große Lernfeld, die eigenen Grenzen und Bedürfnisse kennenzulernen und sie mit denen abzustimmen, die uns das Schicksal auch ohne ausdrückliche Zustimmung zur Seite (oder in den Weg) gestellt hat – ob im Kindergarten oder in der Familie.

Perle 1

Veronika (5) findet bei unserem wöchentlichen Kindergarten-Waldtag am Boden eine gelbe Plastikkugel („Perle"). Es ist diejenige, die Anja (5) kurz zuvor verloren hatte, was Veronika aber nicht weiß. Auf dem Weg zur Straßenbahn, die uns nachhause bringt, entdeckt Anja ihre Perle in Veronikas Hand und will sie wieder zurückhaben. Veronika allerdings betrachtet sie genauso als ihre Perle wie Anja. Wer hat recht? Was kann ich als Erwachsener tun, um diesen Konflikt zu begleiten?

Ich bin zunächst geneigt, Anja recht zu geben. Schließlich hat sie die Perle zuerst gefunden und eben verloren. Dennoch finde ich es in dieser Situation auch nicht angebracht, mich ganz auf Anjas Seite zu schlagen und sie von Veronika zurückzufordern. Sie hat sie schließlich auch gefunden.

So entscheide ich mich, den Weg einzuschlagen, der immer wieder überraschende Lösungen hervorbringt: Beiden helfen, ihr Anliegen zu formulieren und beiden „Recht" zu geben, unparteiisch zu bleiben und sie darin zu begleiten, eventuell selbst eine Lösung zu finden. Zunächst bewegt sich gar nichts. Beide rücken nicht von ihrem Standpunkt ab. Veronika will die Perle nicht zurückgeben. Anja ist traurig und wütend, weil es doch ihre Perle ist. Ich bleibe dabei, beide zu stärken und ab und zu ihren Standpunkt mit meinen Worten zu wiederholen. Und als ich schon nicht mehr daran glaube, dass sich in dieser Sache noch was bewegen würde – wir sind schon im Weitergehen – da gibt Veronika ganz überraschend die Perle wortlos Anja.

Wieder einmal bin ich verblüfft und betroffen von der inneren Größe der Kinder. Alles Moralisieren („Aber Veronika, sei doch nett zu Anja und gib sie ihr zurück! Sie hatte sie zuerst gefunden...") und „Erziehen" („Dinge, die einem nicht gehören, muss man wieder zurückgeben!") hätte diese Erfahrung für uns alle verhindert.

Selbst wenn Veronika die Perle auf mein Drängen zurückgegeben hätte: Wäre es nicht unendlich schade gewesen um diese innere Freiheit, zu der Veronika in diesem Moment gefunden hat? Und wie wertvoll ist diese Erfahrung auch für Anja: Es bedarf keiner quasi polizeilichen Intervention seitens eines Erwachsenen, damit ich zu meinem Recht komme. Wenn ich meinen Standpunkt vertreten und warten kann, kann das kleine Wunder geschehen. *Kann* – vielleicht natürlich auch nicht. Denn ich hätte hier auch nicht eingegriffen, wenn Veronika die Perle eben nicht zurückgegeben hätte. Dann hätte Anja mit diesem Verlust leben müssen. Mir wäre dann nichts anderes geblieben, als sie eben weiterhin zu trösten und sie in ihrem Kummer zu sehen.

So hat sich die Einladung wiederholt im Leben mit Kindern das Warten zu lernen. Als Erwachsener präsent zu sein und durchaus nicht untätig. Aber die Lösung nicht vorzugeben. Voraussetzung dafür ist es, nicht zu urteilen und nicht zu moralisieren und damit den inneren Weg der Kinder zu manipulieren. Auch die Moral, Ethik und ein authentisches „soziales Verhalten" können von innen her wachsen, wenn wir auf Urteil und Erziehung verzichten lernen.

Perle 2

Ein anderes Mal streiten sich beim Waldtag Antje (4) und Sonja (5) um eine „Perle". In diesem Fall um einen Glitzerstein, den Sonja selbst mitgebracht hat. Antje hatte ihn an sich genommen, als er auf unserer Werkbank im Wald liegengeblieben war. Hier bin ich viel parteiischer und bin gar schon dabei, ihn Antje quasi mit Gewalt zu entreißen.

Die aber wehrt sich vehement dagegen. Sonja dagegen, die zwar zuerst geweint und ihn natürlich zurückgefordert hatte, zieht sich zurück und überlässt den „Kampf" um ihren Stein mir. Ich achte nicht darauf, so wird es tatsächlich mein Kampf. Wiederholt fordere ich Antje auf, einen Vorschlag zu machen, wie das denn jetzt weitergehen sollte. Denn es müsse ihr klar sein, „dass sie Sonjas Stein nicht behalten könne". Nach langem Hin und Her schlägt sie schließlich vor, sie würde den Stein noch behalten, bis wir zur Straßenbahn gingen. Dort würde sie ihn Sonja zurückgeben.

So sehr ich bis dahin alle meine pädagogischen Ideale Lügen gestraft habe, ganz und gar nicht in meiner Mitte gewesen bin und mich zunehmend über Antjes Sturheit geärgert habe, so überrascht bin ich nun über ihren konstruktiven Vorschlag. Ich frage Sonja, die sich mittlerweile in einem anderen Bereich beschäftigt, ob sie damit einverstanden wäre. Zu meiner völligen Verblüffung meint sie lapidar, Antje könne den Stein behalten.

Selbst in verfahrenen Situationen, in denen ich als Erwachsener oder gar „professioneller Pädagoge“ alles andere als glücklich agiere, kann mich ein starkes Kind mit seiner Festigkeit („Sturheit“) dazu bringen, meine eigene Borniertheit zu überwinden und eine Lösung ermöglichen, die alle das Gesicht wahren lässt (im Beispiel hier: Antje würde die Perle Sonja zu einem ganz bestimmten Zeitpunkt zurückgeben). Nicht selten sind aber auch „Lösungen“, an die wir Erwachsene nicht im Traum denken würden. Und wenn es die ist, dass eine oder beide Streitparteien des Streitens oder begleiteten Verhandelns müde werden.

Auch hier war es wichtig, begleitend da zu sein – auch wenn ich mit meinem Parteiergreifen, meiner völlig fehlenden Empathie Antje gegenüber, die so gerne auch so einen Stein haben möchte, beinahe alles zunichte gemacht hätte. Wenn wir Kinder nicht grundsätzlich alleine lassen wollen mit ihren Konflikten, ist es unsere Aufgabe, Kinder auch bisweilen voreinander zu schützen. Wenn man ständig auf der Hut sein muss, trägt das nicht gerade zu einer sicheren und geborgenen Atmosphäre bei. Diese Sicherheit mag Sonja auch ermöglicht haben, ihr Eigentum sogar loszulassen.

Natürlich müssen wir uns nicht immer *sofort* und auch nicht in *jeden* Konflikt unter Kindern einmischen. Manchmal können sie das gut unter sich ausmachen. Wenn die Spannung steigt und wir spüren, dass eine Situation an der Kippe zu Handgreiflichkeiten steht, kann es auch schon genügen, in die Nähe zu gehen und – zunächst ohne Worte – Sicherheit zu vermitteln. Wenn wir merken, dass Kinder sich schwer tun, ihre Sicht der Dinge oder ihre Gefühle zu äußern, können wir ihnen unsere Stimme leihen. Gleichzeitig helfen wir ihnen dabei, sich bewusst zu werden, was gerade in ihnen vorgeht. Je besser es uns gelingt, allen beteiligten Kindern zu vermitteln, dass sie gesehen werden und nichts Falsches an ihrem Gefühl oder ihrem Wunsch ist, desto eher kann sich eine Lösung auftun. Nur in verfahrenen Situationen kann es sinnvoll sein, eine Lösung vorzuschlagen. Am Ende geht es auch hier darum, Kindern „zu helfen, es selbst zu tun" – ein Motto, das Maria Montessori von einem Kind übernommen hatte. Es hatte sie gebeten: „Hilf mir, es selbst zu tun!" Zudem sind Kinder oft viel kreativer und sprengen in ihrer Sprunghaftigkeit manchmal geradezu unsere Vorstellungen.

Kinder brauchen durchaus auch erwachsenen-*freie* Räume, heute nötiger denn je. Das entledigt uns aber nicht der Verantwortung grob zu wissen, wo und mit wem sie auf dem Weg sind, und wenn möglich in gewissen Abständen hinzuspüren, wie es dort zugeht. Wenn wir Kinder grundsätzlich ihren Konflikten überlassen, kann sich das Recht des Stärkeren durchsetzen – ob handgreiflich oder subtil – und eine Hackordnung entstehen. Wie so oft ist auch hier die hohe Kunst zu lernen, präsent zu sein, ohne uns aufzudrängen, unsere Hilfe anzubieten oder uns auch ungebeten einzumischen, wenn es die Situation erfordert. Und mit Worten sparsam zu sein und am Ende immer unser eigenes Vorbild mehr sprechen zu lassen als allfällige Moralpredigten. Wenn wir sprechen, können wir hier wie in anderen Bereichen auch eine beschreibende Sprache entwickeln. Sie dient der Achtsamkeit und übt sie förmlich, weil sie beschreibt, was wir wahrnehmen.

Selbst wenn wir Schwierigkeiten mit Kindern haben oder eingreifen müssen, können wir üben ihr Verhalten und unsere Antwort darauf nur zu beschreiben, anstatt automatisch zu „schimpfen", anzuklagen oder zu moralisieren.

- „Ich sehe dich deinen Bruder schlagen, das lass ich dich nicht."
- „Ich sehe, dass du immer wieder in den Spielbereich hineingehst. Die Kinder dort aber sagen, dass sie alleine bleiben wollen. Ich möchte, dass die in Ruhe spielen können, jetzt musst du ein bisschen bei mir bleiben."

Wenn wir Kinder körperlich eingrenzen müssen – und das müssen wir unweigerlich manchmal, wenn wir für eine ganze Gruppe verantwortlich sind – ist es eine große Herausforderung, sie so zu berühren und unter Umständen auch bei uns zu halten, dass wir sie nicht grob anfassen, länger als nötig festhalten oder an ihnen zerren. Die Erfahrung zeigt, dass es nicht immer möglich ist, das zu vermeiden. Aber es gibt einen Lern- und Übungsweg für uns Erwachsene darin, auch körperlich zu agieren und gewaltlos zu bleiben. Gerade im *original play*, im „Ursprünglichen Spiel", können wir dafür ein Handwerk erlernen. Idealerweise passiert einem dann etwas, was mir heute zum ersten Mal passiert ist: Ein Junge, der mich immer wieder sehr fordert, ist heute nach drei Wochen Urlaub wieder im Kindergarten und knüpft dort an, wo wir auch vorher schon zu tun hatten: Ich muss ihn immer wieder für ein paar Minuten bei mir behalten, weil er es – aus welchen Gründen auch immer – nicht lassen kann, andere Kinder zu stören. Heute gelingt es recht gut, ihn bei mir zu behalten, ohne dass wir in einen Kampf geraten. Er bleibt eine Weile bei mir, meist auf meinem Schoß. Als ich ihn schon lange wieder habe gehen lassen, kommt er freiwillig zu mir und setzt sich auf meinen Schoß und fragt mich plötzlich: „Warum muss ich jetzt eigentlich schon wieder bei dir bleiben?" Ich muss lachen und sage ihm, dass er ja gerade von selbst zu mir gekommen ist. Offenbar hat er keinen großen Unterschied gemerkt zwischen meiner Intervention (ihn bei mir halten) und seinem eigenen Impuls, kurz bei mir anzudocken. Das gelingt natürlich selten. Wir beide haben auch schon monatelang Übung, und wir hatten jetzt auch drei Wochen Erholung voneinander…

In diesem Fall also konnten wir beide in dieser Konfliktsituation recht entspannt bleiben. Oft aber verbinden sich mit unseren Gedanken, Urteilen und Parteinahmen ja auch Gefühle. Nur so kommt es ja dazu, dass wir schimpfen oder auch körperlich überreagieren. Das verstärkt unsere Tendenz, schnelle Lösungen zu finden. Das trifft auch dann zu, wenn wir Unstimmigkeiten, Disharmonie oder Konflikte generell nicht gut aushalten. Auch dann sehen wir oft in einer schnellen Lösung eine gute Lösung. Ganz schwierig kann es dann werden, wenn wir solche Situationen vor den Augen von Vorgesetzten, KollegInnen, Eltern oder Schwiegereltern, Partner oder Partnerin begleiten müssen. Je differenzierter wir die verschiedenen Stimmen wahrnehmen, desto besser können wir sie in uns unterscheiden, zuordnen und unsere Antwort für jetzt finden. Manchmal kann es sogar auch hier sinnvoll sein, die Komplexität der Situation beim Namen zu nennen. Auch wenn wir aufgewühlt und aufgeregt sind, wütend oder entsetzt, können wir das den Kindern vorsichtig mitteilen. Indirekt machen wir es uns damit auch selbst nochmal bewusster, wir sprechen es sozusagen vor uns selbst aus. Allein das kann schon helfen, besser mit den uns möglicherweise reitenden Gefühlen zurechtzukommen.

Übung

Wenn du das nächste Mal zu Kindern gehen musst, die gerade streiten, versuche nicht gleich einzugreifen.

Wenn du noch früh genug dran bist und die Kontrahenten noch nicht verbal oder körperlich aufeinander losgehen, dann sag zunächst gar nichts. Bleib einfach in der Nähe und versuche zu spüren, was gerade los ist, wie es den Kindern geht. Und schließe auch dich selbst mit deiner Aufmerksamkeit ein. Schau, zu welchem Kind bzw. auf welche Seite du dich vielleicht gezogen fühlst und was du vielleicht zuerst sagen möchtest.

Und wenn es an der Zeit ist dich einzubringen, dann versuche einmal nur zu beschreiben, was du gesehen, was du gehört und verstanden hast. (Wahrnehmen, was ist, ohne zu beurteilen). Hier kannst du das unmittelbar üben, indem du die Situation zu beschreiben versuchst. Versuche dabei jede Interpretation zunächst zu vermeiden. Wenn sie dir doch passiert, kannst du auch diese wieder thematisieren, relativieren, beschreiben. Und selbst wenn es sich um eine klare Regelüberschreitung handelt oder von außen eine vermeintlich klare Täter-Opfer-Zuteilung zu sehen ist oder du eine klare Parteinahme hast, kannst du sie so beschreiben, dass sich das betroffene Kind nicht in die Ecke gedrängt oder schuldig fühlen muss, indem du es quasi nur „zur Verfügung stellst".

Beispiel:

„Ich sehe, dass ihr euch um die Hängematte streitet. Anna sitzt schon drinnen, Hans will auch rein. Hans kann nur rein, wenn Anna das erlaubt. Kann Hans rein, Anna?"

„Nein, ich will alleine schaukeln."

Hans jammert und verzweifelt...

„Hm, Hans möchte so gerne auch schaukeln."

Es ist mir schon passiert, dass Anna ihn sogar hineinlassen würde, aber Hans alleine schaukeln will – vor allem, wenn wir es mit zwei Dreijährigen zu tun haben. Dann können wir mal entdecken, wie schnell wir moralisieren möchten: Ach komm, Hans, jetzt ist Anna so nett zu dir und du willst alles für dich alleine haben...

Aber nehmen wir an, wir biegen hier noch einmal „richtig“ ab:

„Anna würde dich jetzt sogar hineinlassen. Aber du möchtest lieber ganz alleine in der Hängematte schaukeln, oder?“

Es ist nichts Verkehrtes daran, dass Hans so genau weiß, was er will. Ich kann sogar einfach nochmal bei Anna nachfragen, ohne sie unter Druck zu setzen:

„Anna, würdest du Hans alleine schaukeln lassen, und später wiederkommen?“

Wenn wir immer wieder nur versuchen, die Situation zu beschreiben, können die seltsamsten Dinge passieren. Manchmal möchte ein Kind einfach auch nur gebeten werden, ohne großes Gezeter oder Unter-Druck-Setzen. Möchte ernst genommen werden in seinem grundsätzlichen Recht oder in seiner Würde. Manchmal geht aber auch (lange) einfach nichts weiter, wie bei den Perlen-Beispielen oben. In jedem Fall ist die Konfliktbegleitung eine wunderbare Gelegenheit, Achtsamkeit buchstäblich zu üben, indem wir beschreiben üben, was wir gerade wahrnehmen, möglichst ohne es zu beurteilen oder zu interpretieren.

7

Sehen

Es gibt noch einen indirekten Weg, das Nicht-Urteilen zu üben, indem wir uns ganz dem Sehen, Schauen, Betrachten hingeben. Wenn es uns für einen Moment mal gelingt ein Kind „einfach" nur zu sehen, zu betrachten, ohne etwas von ihm zu wollen, kann es uns passieren, dass wir es vielleicht zum ersten Mal völlig urteilsfrei sehen.

Mit dem Herzen sehen

Wir wissen natürlich heute spätestens aus der Neurobiologie, dass es gar nicht möglich ist, quasi „objektiv" wie eine Kamera Bilder von außen einzufangen. Der Weg, den die Wahrnehmung über unsere Sinnesorgane bis hin zu unserem Bewusstsein nimmt, hat eine starke Verknüpfung zu unseren Vorerfahrungen, Emotionen, Gemütszuständen und Erinnerungen.[34]

---

34 Vgl. Jeremy W. Hayward: *Liebe, Wissenschaft und die Wiederverzauberung der Welt.* Freiamt: Arbor-Verlag, 2006, S. 82–92.

Gerade die Praxis der Achtsamkeit kann uns aber helfen, diese „Zutaten" oder „Filter" zu unseren unmittelbaren Sinneseindrücken wieder bewusster zu machen und ein Stück Abstand zu nehmen. So können wir bewusst üben, was uns manchmal auch völlig unverhofft „geschieht", nämlich etwas Vertrautes plötzlich in einem neuen Licht zu sehen. Wenn wir ganz im Schauen sind, verstummt für kurze Zeit unser ständiges Denken und damit auch unser Urteil. Wir können unseren Geist beruhigen und unser Herz so stimmen, dass wir „tiefer" sehen. Es ist das Geheimnis, das Saint-Exupérys Kleiner Prinz vom Fuchs erfährt: „Man sieht nur mit dem Herzen gut. Das Wesentliche ist für die Augen unsichtbar."[35]

Wenn ich also versuche für ein paar Minuten ein Kind zu „sehen", versuche ich natürlich, das Kind nicht anzustarren, aber es doch für eine Weile einfach anzuschauen, wenn es sich gerade unbeobachtet fühlt. Innezuhalten in meiner Tätigkeit im Vielerlei des Alltags, und – was noch viel wichtiger ist – innezuhalten in meinen Gedanken, Vorstellungen und Zuschreibungen. Wenn ich so das Kind tiefer sehe, erahne ich das, was hinter der Fassade und dem Verhalten des Kindes liegt, und kann ich mich davon berühren lassen. Unter anderem können wir so zumindest für einen Moment aus manch destruktiven Beziehungsmustern heraustreten und unsere Verbindung neu herstellen. Idealerweise drehen wir auf diese Weise quasi am Sender, um klaren Empfang zu bekommen, und die lästigen Störgeräusche sich ständig wiederholender Konflikte mal kurz auszuschalten. Und manchmal stellt sich dieser glasklare Empfang auch ohne unser Zutun ein, vor allem wenn wir gerade eben nichts zu tun haben.

---

35 Antoine de Saint-Exupéry: *Der Kleine Prinz.* Düsseldorf: Karl Rauch Verlag, 42. Aufl. 1987, S. 54.

Ich schaue zu Hause durch die Balkontüre meiner Jüngsten hinterher, wie sie auf dem Laufrad neben ihrer Großtante am Gehwagen zum Kaffeehaus rollt und sich dabei lebhaft mit ihr unterhält. Ein Bild, das den völlig unerwarteten Frieden einfängt, der auf so viel Ungemach in unserem alten Haus folgt. Und das Glück einer älter werdenden Frau, die über die vergangenen Monate genauso unerwartet eine dreijährige Freundin gefunden hat, die plötzlich und ohne Auftrag hineinleuchtet in ihr Alleinsein und in manche Dunkelheit in ihrem Leben. Ihr Zeit-Haben trifft sich mit der Zeitlosigkeit ihrer jungen Gefährtin im stundenlangen Spiel. Die kindliche Seele berührt die hinter so viel Ballast verdeckte Seele der Großtante. Die unverhofft erblühende Seele der alten Frau erfreut das Herz der kindlichen Spielgefährtin.

Bei kleinen Kindern ist es leicht, ihren Frieden und unser Glück aus ihren Gesichtern zu empfangen. Selbst die größten Rabauken finden wir in ihren Betten schlafend wie kleine Engel wieder. Und Konflikte untertags lassen sich besänftigen, wenn wir manchmal einen Blick auf sie werfen, wenn sie ihr Tagwerk vollbracht haben. Bei unseren größeren Kindern besteht die Gefahr, dass wir vergessen oder uns die Gelegenheiten abhanden kommen, sie so zu sehen. Vielleicht, weil sie schon später ins Bett gehen als wir, oder auch, weil sie sich in ihrem Zimmer verschanzen und wir natürlich nicht mehr so ohne weiteres ihr Zimmer betreten. So sind es besondere Momente, in denen es uns geschenkt ist innezuhalten und sie ganz zu sehen.

Ich sehe dich

Du
Jonas
ich sehe dein gesicht noch vor mir
hell erleuchtet
du bist gewachsen, merkte ich
jetzt sitz ich hier im seminarraum
der schnee fällt dick vom himmel
und ich bin müde
ich denk an dich
wer bist du?
Du hast gar nicht gemerkt
dass ich dich eine ganze weile angesehen habe
während du voller aufmerksamkeit und vergnügen
deiner cousine zugehört hast
als sie diese lustige geschichte erzählte,
die uns alle zum lachen gebracht hat.
So hab ich dich noch nie gesehen.
Ich schau dich so selten an.
Das tut mir leid und schmerzt mich
ich seh dich so selten
losgelöst von meinen dingen
meinen erwartungen
meinen anforderungen
meinen bedürfnissen
meinen vorstellungen
wie die dinge zu sein haben
wie du zu sein hast
ich seh dich so selten
wie du bist
vielmehr sehe ich dich
wie ich bin

du hast recht
wenn du dich dagegen zur wehr setzt
wenn du widerstand leistest
du bist nicht verkehrt
ich bin leider noch viel zu gefangen
in meinen vorstellungen davon, wie du zu sein hättest
wenn es nach mir ginge
und davon, was „normal" ist
viel viel mehr gefangen darin
als ich manchmal meine.
Das ist meine aufgabe
mich davon zu lösen
nicht deine,
meinen gefangenheiten zu entsprechen.
Ich will loslassen um dich nicht zu verlieren
ich bin müde und oft an der grenze in diesen tagen
lieber ist mir, dass ich dich in ruhe lasse
anstatt pyrrhussiege zu erringen
leider ist mein erster impuls oft immer noch zu kämpfen
und verbal um mich zu schlagen.
Dich anzuschauen
ist ein guter anfang
du bist schön.[36]

36 Das Gedicht entstand bei einer Gestalt-Fortbildung mit Katharina Martin in Freiburg im März 2006.

Versöhnung mit der Wirklichkeit

Manchmal scheint es Eltern geradezu unmöglich zu sehen und anzuerkennen, was wirklich ist. „Wir sehen die Dinge nicht wie sie sind, sondern wie *wir* sind", sagte der indische Jesuit, spirituelle Begleiter und Weisheitslehrer Anthony de Mello. Aus der Sicht der Erkenntnistheorie und Gehirnforschung können wir das gar nicht verhindern. Wir gehen – wie bereits erwähnt – immer schon mit unseren Gedanken, Gefühlen und Vorerfahrungen an die Welt heran. Sie kann gar nicht „an sich" wahr genommen werden. Wir konstruieren alle in gewisser Weise unsere eigene Wirklichkeit mit. Dennoch sind wir eingeladen uns auch hier mit unseren Kindern weiterzuentwickeln. Unser Leben mit Kindern lädt uns dazu ein aufzuwachen aus unserem Alltags-„Schlaf" und genau hinzuschauen, was wir denken, erwarten und für selbstverständlich halten. Wir dürfen uns erlauben uns selbst und unsere Kinder neu kennenzulernen, uns in einem zweiten Schritt mit diesen Wirklichkeiten versöhnen und diese wo möglich und nötig auch zu verändern.

Jesper Juul sagte einmal sinngemäß: In der Familie und vor allem mit meinen Kindern ist der Schutzraum dafür gegeben, dass jemand so oft meine Grenzen übertritt, dass mir diese überhaupt erst bewusst werden. Im Zusammenleben mit meinem Kind kann ich außerdem auf Ängste und Sorgen stoßen, die mir nicht bewusst waren oder ich schon überwunden glaubte. Oder auf eigene Erlebnisse als Kind, die sich bei meinem Kind zu wiederholen scheinen. Und dann ist es für mich und für mein Kind wichtig, dass ich zu unterscheiden lerne, was gegenwärtig tatsächlich die Erfahrung meines Kindes ist und was damals meine Erfahrung war.

Auch im Kindergarten gibt es eine Realität, an der uns manches gefällt und manches eben nicht. Eine Gruppe von Kindern versammelt eine Menge von Persönlichkeiten, Stimmungen, Spannungen, sozialer Dynamik und zufälliger Umstände. Wir können uns noch so sehr darum bemühen eine „entspannte"

Umgebung zu schaffen, aber wir werden Tage, Phasen und Gruppenprozesse erleben, die allem anderen als der Entspannung dienen. Trotzdem kann jeder und jede daraus etwas lernen. Die Kinder wie auch die PädagogInnen, und sogar die Eltern. Das Gleiche gilt, wenn wieder mal Schimpfwörter akut werden und manche Eltern hellauf entsetzt reagieren. Und wir können hart daran arbeiten, dass Kinder lernen, respektvoll miteinander, mit den Dingen und der Natur umzugehen. Aber wir werden auch damit leben müssen, dass das ein langer, langer Weg ist – wie wir im Übrigen auch an uns Erwachsenen noch erkennen können.

Wir machen es manchmal uns und unseren Kindern schwer, wenn wir ständig unzufrieden sind oder voller Sorgen, ob wohl alles zu Hause oder im Kindergarten oder in der Schule ihrem Wohl dient. Jede noch so engagierte Pädagogik, jede noch so pädagogisch anspruchsvolle Einrichtung hat ihre Umstände, ihre Begrenzungen, ihre Wirklichkeit. Wir wollen vielleicht genügend Freiheit und zugleich Grenzen, Führung und Angebot. Platz und größtmögliche Vielfalt in der vorbereiteten Umgebung. Mann und Frau, erfahrene und junge Kräfte im Betreuungsteam. Flexible Öffnungszeiten, Mittagstisch und Nachmittagsbetreuung. Und zugleich hohe Qualität und kleine Schlüssel in der Betreuung unserer Kinder. Und alles zu erschwinglichen Preisen. Den Idealen sind keine Grenzen gesetzt. Der Realität aber doch.

Es ist hilfreich und Teil unseres Übungsweges mit dem leben zu lernen, was vor uns und in uns ist. Die ständige Opposition zu dem, was ist, kann uns und unseren Kinder das Leben recht schwer machen. Wer Elternsein als einen Übungsweg begreift, wird nicht umhin können, auch das anzunehmen, was nicht ideal ist. In all dem steckt die große Chance, Demut und Hingabe zu lernen. Wir tun, was wir können und lernen, den Rest dem Leben oder Gott zu überlassen. Und wenn wir nicht mehr alles unter Kontrolle haben und manchmal unserer Ohnmacht und der aus ihr entstehenden Wut in die Augen schauen, können wir dabei auch Gelassenheit üben und Barmherzigkeit. Zu unseren Kindern hin, zu uns selbst hin, vielleicht sogar zu den PädagogInnen hin, die mit unseren Kindern arbeiten. Es passiert so leicht, dass wir uns in das verbeißen, was gerade eben so ist, wie es ist, beispielsweise, dass es zu wenige Gleichaltrige, oder zu wenige Mädchen oder Jungen in der Gruppe gibt. Oder wir bleiben bei dem hängen, was nicht so rund läuft, was mühsam scheint. Leider sind wir alle davon geprägt, unseren Fokus auf den Mangel, auf die Fehler zu legen. Außerdem sind wir so sehr darauf geeicht, Schwierigkeiten aus dem Weg zu gehen, dass wir sie unseren Kindern auch ersparen oder aus dem Weg räumen wollen. Wir übersehen dabei vielleicht sogar, dass unser Kind gut mit scheinbaren Widrigkeiten zurechtkommt und an ihnen wächst, und bringen uns so um diese Freude.

Es hilft uns nicht, vor der Wirklichkeit davonzulaufen und unser Glück bzw. das unserer Kinder immer wieder woanders zu suchen, etwa im mehrmaligen Wechsel des Kindergartens oder der Schule. Unsere pädagogische Arbeit wie unser Zusammenleben mit Kindern bleibt wie das Leben generell Versuch und Fragment. Und es entwickelt sich mit den Begrenzungen, Umständen und der Wirklichkeit, die uns umgibt. Und selbst Schwierigkeiten werden zum Material für unsere Weiterentwicklung, wie Jack Kornfield aus Sicht der buddhistischen Psychologie und Spiritualität betont.

„Es ist das grundlegende Prinzip des spirituellen Lebens, dass gerade unsere Probleme zum Material werden, aus dem wir Weisheit und Liebe gewinnen können."[37]

Wie sollte es bei unseren Kindern anders sein? Natürlich braucht es dafür ein Sehen und Spüren, welche Dinge wir verändern können und welche nicht. Dafür müssen wir aber erst einmal genau beobachten und wahrnehmen, was denn tatsächlich los ist.

---

37 Jack Kornfield: *Frag den Buddha und geh den Weg des Herzens.* München: Econ Ullstein List Verlag, 3. Aufl. 2001, S. 93.

Ich freue mich bei Elterngesprächen immer, wenn Eltern erzählen, wie sie ihre Kinder wahrnehmen (auch ihre Sorgen!) und dann auch wissen wollen, wie wir im Kindergarten sie wahrnehmen. Natürlich kennen die Eltern ihre Kinder am besten. Gleichzeitig sind sie auch am meisten gefährdet, eigene Bilder und Geschichten von ihnen festzulegen und eigene Wünsche, Erwartungen und Ängste auf sie zu projizieren. Als Eltern bekommen wir erfahrungsgemäß nur ganz wenig mit von dem, was am Vormittag in Kindergarten oder Schule stattfindet. Aber so wenig kann es gar nicht sein, dass unsere Gedanken und Gefühle nicht Geschichten dazu erfinden können. Zumal dann, wenn die kleinen Kinder oft schon ihre eigenen Geschichten dazu erfinden. Dies verstärkt sich noch, wenn die Eltern oft nachfragen und bei bestimmten Dingen große Ohren bekommen. Und je nachdem, wie viele Ängste und Vorerfahrungen die Erwachsenen mit sich herumschleppen, desto abenteuerlicher kann dann so eine Geschichte werden. Oft habe ich mir als Pädagoge gewünscht, Eltern würden bei Sorgen um ihre Kinder im Kindergarten einfach zunächst einmal fragen, wie wir denn ein Kind im Kindergarten wahrnehmen, die wir tagtäglich mit ihnen arbeiten, bevor sie sich ein genaues Bild machen. Vielen ist nicht bewusst, wie viel unser Geist dazuerfindet und wie sehr Emotion und Interpretation von vornherein unsere Wahrnehmung beeinflussen.

Ich erinnere mich an eine Mutter, die gegen Ende des Kindergartenjahres mit ihrem Sohn in unseren Kindergarten einstieg, nachdem sie von Norddeutschland zurück nach Tirol gezogen war. Schon bald holten sie ihre Kindheitserinnerungen und Ängste ein. Wir konnten bei einem Elterngespräch darüber sogar sprechen, als es um ihre Sorge ging, dass ihr Sohn Marius so wie sie damals ausgestoßen würde, weil er nicht Tiroler Dialekt sprach. Aber ihre Ängste hatten sie so fest im Griff, dass sie ständig irgendwelche Verletzungen ortete, die vermutlich von Übergriffen anderer Kinder im Kindergarten herrührten. Es gipfelte darin, dass sie uns einmal mittags fragte, woher das blaue Auge ihres Kindes komme. So sehr wir uns bemühten – wir konnten das blaue Auge im Gesicht von Marius einfach nicht sehen. Jeremy Hayward schreibt in seinen Briefen an seine Tochter Vanessa:

„Die Welt, die Du wahrnimmst, ist nicht einfach da, sondern ist eine Beziehung zwischen Dir und dem, was da ist. Hast du Verachtung im Herzen, wird auch Deine Welt voller Verachtung sein; hast Du Liebe im Herzen, ist auch Deine Welt liebevoll."[38]

Mit Blick auf Marius möchte man hinzufügen: „Hast du Angst vor Übergriffen auf deinen Sohn, wirst du Übergriffe sehen." Möglicherweise wird das Kind die Erwartungshaltung des Erwachsenen übernehmen, sodass in der Folge Marius' Misstrauen gegenüber seinen Spielgefährten tatsächlich Ablehnung hervorruft. So können unsere Gedanken und Gefühle auch Wirklichkeiten schaffen.

Damit will ich nicht sagen, dass alles *easy* wäre, wir alles locker nehmen oder dem keine Beachtung schenken sollten, was Kinder an Sorgen oder Ängsten erkennen lassen. Oder dass wir nicht ernst nehmen sollten, was sie erleben oder uns erzählen. Aber es ist entscheidend, bei aller Empathie erstens *nicht zu dramatisieren* – wie Naomi Aldort wie ein Mantra wiederholt –, zweitens meinem Kind zuzutrauen mit Schwierigkeiten auch klarzukommen, ja etwas daraus zu lernen, und drittens eben wahrnehmen zu lernen, was *ich selbst* denke und fühle, wenn mein Kind etwas erzählt oder ich etwas mit-erlebe. Das alles können wir in der Achtsamkeitspraxis und Meditation lernen bzw. üben, üben, üben.

Nicht selten laufen wir mit einem permanenten Widerstand gegen das herum, was hier und jetzt ist. Es ist uns wie

---

38 Jeremy W. Hayward: *Liebe, Wissenschaft und die Wiederverzauberung der Welt.* Freiamt: Arbor-Verlag, 2006, S. 111.

eine zweite Haut geworden, eine unbewusste Haltung *gegen* das Leben, wie es sich im gegenwärtigen Augenblick entfaltet, und das ist ja bekannterweise das einzige „Leben", das uns zur Verfügung steht.

Wenn wir lernen, *nichts gegen das zu haben, was geschieht* (Krishnamurti)[39] können wir nicht nur barmherziger unseren Kindern und überhaupt anderen Menschen gegenüber werden, sondern auch uns selbst gegenüber. So lernen wir annehmen und können uns mit der Wirklichkeit versöhnen.

39 Zitiert bei Eckhart Tolle: *Eine Neue Erde. Bewusstseinssprung anstelle von Selbstzerstörung.* München: Goldmann, 3. Aufl. 2005, S. 209.

Übung

Suche dir im Alltag eine Möglichkeit, eines deiner Kinder einmal für ein paar Minuten zu „sehen". Wenn es gerade beim Spielen ist, ob allein oder mit jemand anderem zusammen, dann nimm dir nichts vor, als einfach nur zu schauen. Bleib im Hintergrund, es soll nicht merken, dass du es beobachtest.

Betrachte einfach, was gerade bei einem Kind geschieht, was es tut. Übe dich darin, einfach wahrzunehmen, wie sich das Tun und Sein des Kindes anfühlt und auch welche Resonanz es bei dir erzeugt. Und wenn du dir Gedanken über das Kind machst, dann versuche sie einfach wahrzunehmen, dich aber nicht in ihnen zu verstricken. Dein Geist ist viel beschäftigt und es ist seine Funktionsweise, ständig alles Mögliche zu sortieren, assoziieren und zu reflektieren. Wenn du abschweifst in Gedanken, Interpretationen, Geschichten und in Impulse, etwas zu tun (obwohl es gerade nicht notwendig wäre), dann nimm das alles wahr und kehre wieder zurück zur Beobachtung des Kindes und deiner Resonanz.

Dieses Schauen geht noch tiefer. Hinter dem vordergründigen Sprechen, Tun oder Verhalten kannst du die Essenz des Kindes ahnen. Und dann schau, was passiert. Vielleicht kannst du dein Herz gerade einen Spalt öffnen und dich berühren lassen, von seiner Kindlichkeit, Reinheit, Arglosigkeit, Genialität. Welche Gefühle tauchen auf? Was rührt sich in dir, wenn du dem Kind einfach nur zusiehst? Entdecke und bewahre es.

Zu Hause kannst du diese Übung auch machen, wenn dein Kind schon schläft. Selbst wenn es zwischen dir und deinem Kind im Laufe des Tages Konflikt und Streit gab, kannst du jetzt noch einmal innerlich Kontakt aufnehmen zu deinem Kind und ein kleines Stück Frieden finden, weil es nichts mehr will, nichts mehr braucht und weil du nichts mehr von ihm willst. Da lässt es sich auch als Vater oder Mutter gut über dem Gesicht des Kindes meditieren.

8

Nicht wissen

Sie wissen nicht, wie man Kinder erzieht? Wunderbar! Noch wunderbarer, wenn wir das beim dritten Kind oder nach 10 Jahren Berufserfahrung im Kindergarten auch noch sagen können. Nicht zu wissen ist eine weitere Übung auf dem Weg der Achtsamkeit.

Werden Sie hellhörig, wenn Sie sich selbst fragen hören: „Was tue ich, wenn mein Kind…?“ Oder: „Was tue ich, damit mein Kind…“

Denken wir einmal darüber nach, woran uns solche Fragen erinnern, was das hier eigentlich für Fragen sind oder wo wir solche lesen können! Um noch ein bisschen deutlicher zu werden: „Mögliche Fehler und wie man diese selbst beheben kann“. Oder: „Fehler X: Wenden Sie sich an eine Fachwerkstätte!“

Es geht um *Bedienungsanleitungen.* Erziehung *funktionierte* so vielleicht einmal. Manches funktioniert auch heute noch. Dressur gibt es nicht nur bei Tieren. Wenn jemand schwärmt, wie gut etwas bei seinem Kind funktioniert, wenn jemand Methoden und Programme anpreist, die Wunder zu wirken scheinen,

z. B. wie wir Kinder zum Schlafen bringen, sollten wir aufpassen. Oder wenn jemand weiß, wie wir so früh wie möglich „das Beste" aus unseren Kindern herausholen können. Fragen wir uns immer, um welchen Preis etwas funktioniert oder angeblich schnelle Ergebnisse erzielen kann. Was dabei verloren gehen kann oder auf dem Spiel steht, ist vielleicht nichts weniger als die Beziehung zu unserem Kind.

Selbst die besten Bücher, Konzepte und Ratschläge können immer nur eine Landkarte sein. Wenn wir nur auf die Landkarte oder das Navi schauen, werden wir womöglich im Acker landen oder auf der Autobahn umdrehen. Wir müssen immer auch auf unser Kind und die jeweilige, ganz konkrete Situation schauen. Und vergessen wir auch nicht, auf uns selbst zu schauen. Wie geht es *mir* gerade? Und wenn wir still werden können und lernen, alle Expertenmeinungen und guten Ratschläge als solche zu identifizieren, sollten wir auf die leise Stimme unseres Herzens achten und auf die manchmal versteckten Hinweise unserer Kinder. Sie sind im Zweifelsfall immer die wichtigsten Ratgeber.

Wir können also mit Kindern auf Bedienungsanleitungen verzichten und uns im Nicht-Wissen üben. Kinder sind keine Geräte. Wir schließlich auch nicht. Wir müssen uns damit abfinden, dass jede Situation anders ist und wir uns nur sehr bedingt etwas von den anderen abschauen können. Das gilt auch für die vielen Beispiele, die sich in diesem Büchlein finden. Es geht allenfalls darum, sich inspirieren zu lassen, um dann in einer konkreten Situation eine *eigene* Antwort zu finden. Und das ist ja umgekehrt auch das Spannende, wenn wir mit unseren Kindern nicht mehr nach Bedienungsanleitungen und Kochbüchern suchen, sondern allenfalls nach Inspirationen – um dann das Abenteuer Kinder in eigener Expedition zu erkunden. Dann ist es auch keine Einbahnstraße mehr. Es ist nicht mehr einfach: Erwachsener erzieht Kind, also Subjekt – Prädikat – Objekt. Es wird ein dynamischer und wechselseitiger Prozess: Auch wir lernen dabei etwas.

Lernen

Wenn wir uns daran erinnern, dass Kinder Sitzen, Stehen und Gehen eigentlich (und am besten) selbstständig erlernen, können wir das auch auf Schwimmen oder Skifahren übertragen. Wir können ihnen eine geeignete und sichere Umgebung bereitstellen, in der sie in ihrem Tempo und auf ihre Weise darangehen können, es selbst zu tun. Unsere drei Kinder haben keinen Schwimmunterricht gebraucht, weil es möglich war, sie im flachen Wasser ohne Schwimmflügel zu begleiten. Ähnlich beim Skifahren. Natürlich brauchen sie Gelegenheiten dafür. Aber ein zugewandter und gleichzeitig zurückhaltender Erwachsener, der selbst gern Ski fährt, und die Möglichkeit, oft genug nur für zehn Minuten mit den kleinen Skiern ein bisschen zu treten und anfangs kleinste Höhenunterschiede zu fahren, können mehr wert sein als teure Skikurse. Wir sparen uns nicht nur das Geld, sondern auch den Stress, dass für das Geld auch jedes Mal Bereitschaft da sein und jede Minute ausgenützt werden muss, die wir bezahlt haben. Auch an der Eislaufbahn ist mir immer wieder aufgefallen: Es ist eigentlich unmöglich, jemandem Eislaufen beizubringen. Hier ist es so deutlich, dass jeder selbst auf den Kufen stehen und laufen lernen muss, so wie wir gehen auch selbst lernen mussten. Wir wissen eigentlich nicht, „wie es geht"! Wir müssen es einfach tun. Der holländische Liedermacher Herman van Veen beschreibt es in seinem Lied „Mein kleiner Schatz" so schön: „Du lerntest Gehen durch Fallen." Alles, was wir tun können, ist „Werkzeug" zur Verfügung zu stellen, oder so etwas wie eine „vorbereitete Umgebung", wie es in der Montessori-Pädagogik heißt. Beim Schwimmen ist es das flache Wasser, auch die Schaumstoffschlangen können hilfreich sein, Schwimmflügel eher nicht, weil sie ein gutes Gefühl für die Beschaffenheit des Wassers zu stark behindern. Beim Eislaufen sind sicher auch die Figuren zum Schieben hilfreich. Entscheidend aber ist genügend Eigenmotivation und die Freude des Kindes, die Bewegungsmöglichkeiten des eigenen Körpers weiter zu entfalten.

Kurse im Kindergartenalter sind so eine Sache. Ein voller Terminkalender schon bei Kindern bringt viel Unruhe in ihren Alltag und nimmt ihnen wertvolle Zeit für ihre ureigenen Interessen und für ihr freies Spiel. Aus meiner Sicht sind Kurse nur für manche (ältere) Kinder geeignet. Am ehesten dann, wenn sie möglichst viel Raum bieten, die Dinge selbst auszuprobieren. Die traditionelle Unterrichtsform, nämlich in einer Gruppe einem Lehrer zuhören oder zusehen und alle zur gleichen Zeit das Gleiche machen – ob gerade die Bereitschaft dazu da ist oder nicht, entspricht im Grunde nicht dem, wie Kinder (Menschen überhaupt!) lernen. Kinder sind von Natur aus begierig zu lernen. Leben ist Lernen. Kinder entwickeln sich nach einem eigenen inneren Plan – schon im Mutterleib. So auch, wenn sie sichtbar auf der Welt sind. Vielleicht helfen wir ihnen am meisten, wenn wir uns nicht zu sehr in ihre Entwicklungsprozesse einmischen, schon gar nicht in der Bewegungsentwicklung vom Liegen zum Stehen und Laufen und in der Entfaltung der Sprache. Was sie brauchen, sind Menschen, die auf natürliche Weise gern mit ihnen sprechen, ihnen vorlesen und Geschichten erzählen. Und eine Umgebung, in der sie sich auch frei bewegen können. Auch Natur und Bewegungsräume, die ihnen Anregungen und Herausforderungen bieten. Was sie nicht brauchen, sind Programme und Erwachsene, die sie dressieren oder auch nur ständig motivieren, Dinge zu tun, zu denen sie selbst noch nicht bereit sind. Wenn wir diese Wunder der Geburt, der Bewegungs- und Sprachentwicklung achtsam mitverfolgen, ist es verwunderlich, wie wir überhaupt noch auf die Idee kommen, dass es immer Erwachsene braucht, damit Kinder lernen. Hier tut „Anfängergeist" gut: Nicht wissen, wie Kinder lernen oder funktionieren.

Wenn wir beobachten, was unsere Kinder gerade gerne tun, und selbst mit Freude an das gemeinsame Tun herangehen, müssen wir ihnen nichts gegen ihren Willen beibringen, sondern können mit ihrem Fluss gehen und staunend erkennen, wie sie zu ihrer Zeit, in ihrem Tempo und auf ihre eigene Weise lernen. Wenn sie unsere Hilfe brauchen, werden sie es uns sagen oder zeigen. Und nicht selten so ähnlich formulieren wie das bereits erwähnte Motto von Maria Montessori: „Hilf mir, es selbst zu tun!" Um das tatsächlich zu beherzigen, müssen wir achtsam helfen und in der Art unserer Hilfe erfinderisch werden. Ihnen zum Beispiel (auf ihre Bitte hin) den Schraubverschluss einer Flasche nur so weit lockern, dass sie ihn selbst ganz aufdrehen und abnehmen können. Oder den Reißverschluss nur einfädeln helfen, damit sie ihn selbst hochziehen können. Manchmal sind Kinder völlig verzweifelt, wenn wir in unserer Hilfe zu weit gegangen sind, obgleich sie es doch selbst machen wollten! Und dann können wir ihnen (gegen alle Erwachsenenlogik) den Gefallen tun, die ganze Hilfe nochmal rückgängig zu machen, um beim nächsten Versuch nicht zu weit zu gehen: Schraubverschluss nochmal zu und lockern, bzw. Reißverschluss nochmal nach unten. Und das gilt vor allem dann, wenn sie ihn der sogenannten „Trotzphase" sind. Jesper Juul meinte einmal sinngemäß, Trotzphase sei, wenn die Kinder selbstständig werden wollen und die Eltern trotzen…

Wenn wir gerade nicht bei der Sache waren, können wir uns das eingestehen und anerkennen, dass es für unser Kind gerade wichtig ist, den Film zurückzudrehen. Der Trotz, den wir in solchen Situationen manchmal den Kindern andichten, könnte auch auf unserer Seite sein. Für *sie* kann das Ringen um Selbstständigkeit und Autonomie gerade *wirklich* wichtig sein. Wir können dabei lernen uns selbst nicht so ernst zu nehmen. Wenn es uns gelingt, für einen Augenblick von unserer Elternrolle zurückzutreten, können wir mit Interesse auf unser Kind schauen, oder uns sogar selbst beobachten, auch wenn Trotz aufsteigt oder Rechthaben-Wollen. Was uns nicht bewusst ist, hat uns im Griff. Was uns bewusst wird, trägt den Keim zur Veränderung in sich. Auch bei uns selbst geht es oft weniger um „Bescheid-Wissen" als um interessiertes, forschendes Beobachten und Bewusstwerden.

Glühweingewürz

Meine Frau und ich sind beim Kochen. Spät wie immer nach dem Vormittag in der Kinderwerkstatt. Unsere Tochter Anna-Sumaya (damals knapp zwei Jahre alt) findet in der Gewürzschublade einen geflochtenen Behälter mit Deckel. Inhalt: drei Päckchen Glühweingewürz samt Etiketten. Es ist 13 Uhr – eigentlich Zeit für ihren Mittagsschlaf. Wir kochen, sie hockt sich auf den Boden und nimmt ihre Arbeit auf. Sie nimmt den Deckel ab, die Päckchen raus und zieht die Etiketten ab. Etiketten wieder irgendwie drauf, Päckchen wieder rein, Deckel wieder zu. Und wieder von vorne. Und immer wieder. Wir sind mit dem Kochen fertig; wenn sie schon nicht schläft, wäre jetzt eigentlich Zeit zum Essen. Kinder brauchen einen geregelten Ablauf, Rhythmus von Essen und Schlafen etc., heißt es. Doch manchmal gibt es im Leben Wichtigeres. Wir erleben, was Maria Montessori über die „Polarisation der Aufmerksamkeit" gesagt hat, dass es so etwas wie ein heiliger Moment ist, wenn ein Kind Zeit und Raum vergisst und sich ganz seiner „großen Arbeit" (Montessori) hingibt, ja quasi eins wird mit sich und seinem Tun. Wir essen, Anna-Sumaya beschäftigt sich eine geschlagene Dreiviertelstunde damit, obwohl sie eigentlich müde sein oder Hunger haben müsste. Es ist uns völlig schleierhaft, was hier in diesem kleinen Menschenwesen vor sich geht, während es in Erwachsenenaugen seine Zeit mit scheinbar sinnlosem Zeug vergeudet. Sind das die Wege, neurologische Bahnen und Verknüpfungen anzulegen? Welchen Sinn macht sonst das, was sie da tut?

Wenn wir ehrlich sind, wissen wir einfach zu wenig, wie Kinder wirklich lernen, und müssen es auch nicht wissen. Was sie vor allem brauchen und wofür wir sorgen können, ist Zeit, Raum und Respekt vor der Bedeutung ihres Tuns, auch wenn wir nicht alles verstehen. Zeit, das zu tun, was sie tun müssen! Raum, eine Umgebung, in der sie vorfinden, was sie brauchen – und wenn es Glühweingewürzpäckchen sind. Respektvolle

Begleitung, um sich sicher und geborgen zu fühlen und um Rückmeldung und Resonanz zu spüren.

8.45 Uhr. Ein vierjähriges Mädchen in unserer Kinderwerkstatt setzt sich an den Mal-und Basteltisch und nimmt ihre Arbeit auf. Sie klebt Perlen auf Papier, fährt Buchstaben nach, schreibt Wörter aus Phonogramm-Büchlein[40] ab und macht Arbeitsblätter. Dazwischen kommt sie manchmal zur Couch, um einer Geschichte zu lauschen. In der gleichen Zeit spielen bzw. arbeiten Kinder im Garten draußen oder im Rollenspielbereich, bei der Werkbank oder sonst wo. Sie alle absolvieren oft ein gewaltiges Pensum und haben manchmal nicht einmal Zeit zum Essen.

Wenn wir immer wieder beobachten, wie Kinder lernen, können wir uns entspannen und uns und ihnen Zeit lassen, z. B. wenn es um die Vorbereitung auf die Schule geht. Vielleicht können wir den „Ernst des Lebens" in der Würdigung dessen finden, was sie hier und heute interessiert und worin sie sich vertiefen.

Buchstaben und Handfeuerwaffen

Peter wird noch dieses Jahr sechs Jahre alt, er geht also nächstes Jahr in die Schule. Im vergangenen Jahr hatte er – wie so viele Kinder – völlig unspektakulär angefangen, sich für die Buchstaben zu interessieren, schließlich das Geheimnis der Schriftsprache gelüftet und sich nach und nach Buchstaben angeeignet. Peter verbringt – wie die meisten anderen Kinder in unserer „Kinderwerkstatt" auch –

40 Phonogramme sind Laute, die mit mehreren Buchstaben repräsentiert werden, z. B. sch, eu, ei etc. Als Übungsmaterial haben wir für bestimmte Phonogramme kleine Büchlein gemacht, in denen die Kinder Wörter mit den jeweiligen Lauten als auch entsprechende Zeichnungen dazu finden. Gerne schreiben sie davon einfach die Wörter ab.

nicht viel Zeit direkt sichtbar mit den Dingen, die zur Vorbereitung auf die Schule gefordert wären (Vorbereitung auf Lesen, Schreiben und Rechnen). Er liebt das Rollenspiel, mag Bücher und baut Hütten. Vor allem aber genießt er das Balgen und den Körperkontakt mit seinen gleichaltrigen Kameraden und uns Erwachsenen. Wenn wir mit den Kindern ins Schwimmbad gehen, kommt er kaum aus dem Wasser und schwimmt und taucht wie ein Fisch.

Er hat eine sehr ausgeprägte Körpersprache, einen direkten Zugang zur Musik und ist immer wieder lange am Wassertisch zu finden, an dem er mit einem Freund liebend gerne Farben mischt und kleine Fläschchen füllt. In all diesen Tätigkeiten stecken unzählige Möglichkeiten, sich die Welt anzueignen und sich mit Natur und Kultur vertraut zu machen. Und unter vielem anderen bieten sie eben auch Gelegenheiten, sich auf völlig natürliche Weise Mengen- und Zahlbegriffe zu erarbeiten und sich der Schriftsprache anzunähern. Wenn sie einmal „angebissen“ haben, können Kinder erstaunlich ausdauernd und hart am Erwerb dieser Kulturtechniken arbeiten. Entscheidend dabei ist ihr eigenes Interesse und ihr individueller Rhythmus. Dann bleiben Arbeit und Spiel eine Einheit und Lernen ein selbstverständliches Vergnügen.

Wenn Kinder aus eigenem Antrieb zu schreiben anfangen, beobachten wir, dass viele dies von rechts nach links oder auch in völlig beliebiger Richtung tun – und das immer wieder in perfekter Spiegelschrift. Genauso natürlich passen sie sich später allmählich dem an, was sie als üblich erkennen. Ähnlich ist es bei der Rechtschreibung, die von einer fragmentarischen Phase (analog zu den Lauten, die sie heraushören, z. B. „sne“ statt Sonne) zu einer perfekt phonetischen Phase führt (die Kinder schreiben genau so, wie sie es hören bzw. sagen, z. B. „Muta“ statt Mutter usw.), bis sie, meist nach einem langen Weg, auf natürliche Weise und durch viel Lesen oder Abschreiben oder weil sie irgendwann neugierig nachfragen, „wie man das schreibt“, zur üblichen Rechtschreibung gelangen. Wir korrigieren die Kinder in all diesen Entwicklungsstufen nicht. Wir wollen ihr natürliches Interesse, ihre Neugier und ihren Eifer durch unser Eingreifen nicht behindern und Gefahr laufen, sie zu entmutigen. Ohne Korrektur, aber auch ohne Drängen (oft „Fördern" genannt) können sie in ihrem Tempo jede Phase mit Gewinn durchlaufen. Auch bei Peter konnten wir lange eine große Freude am Zeichnen beobachten. Buchstaben waren für ihn dabei ebenso plausible Motive wie Raketen oder Handfeuerwaffen.

Seit einiger Zeit hat sich das geändert. Wenn er nun einen Buchstaben nicht genau so hinbekommt, wie er sein sollte, ist er völlig frustriert – auch wenn ich ihm sage, dass man ihn gut lesen kann. Auf Nachfrage erfahren wir von Peters Mutter, dass er zuletzt öfter mit seinem Bruder Josef bei den Hausaufgaben sitzt. Josef erlebt in seiner Schule Korrektur als wesentliches Element des Unterrichts. Während Peter noch ganz seinem eigenen Lernprozess folgen könnte, bei dem er sich ohne äußere Korrektur quasi von selbst einer Norm annähern kann, muss Josef den Vorgaben seiner Lehrerin folgen. Das nimmt ihm letzten Endes die Freiheit, die Dinge für den Moment so gut sein zu lassen, wie sie ihm selbst genügen würden. Dass er nun an seinen Bruder weiterreicht, was ihm selbst als alternativlos vermittelt wird, ist nicht weiter verwunderlich. Für Peter aber hat das zur Folge, dass sein ursprüngliches Interesse für die Buchstaben schon früh an das Erreichen eines Ideales gebunden wird – ein Ideal, zu dessen Verwirklichung er allein von seiner feinmotorischen Entwicklung her aber noch gar nicht in der Lage ist. Sogar das Zeichnen scheint ihm nun auf gleiche Weise verleidet zu sein. Einmal bricht er völlig frustriert in Tränen aus, weil er ein Schießgewehr nicht so hinbekommt, wie er es sich vorgestellt hatte. Zur gleichen Zeit ist sein Freund damit zufrieden, auf seine Weise zu „schreiben" – er ahmt mit seiner eigenen Art von „Schwungübungen" die Schreibschrift nach – und malt mit Begeisterung eine Pistole, die keinen Maßstäben entsprechen muss.

Das Beispiel zeigt, wie schnell der natürliche Zugang zu kreativem Zeichnen und zu den Kulturtechniken behindert und womöglich auf lange Zeit verschüttet werden kann, und wie die Leichtigkeit natürlichen Lernens durch Korrektur und Standardisierung zu dem wird, was wir als „Lernen" im klassischen Sinn kennen: Ein Sich-Plagen-Müssen. Glücklicherweise hat Peter diese Schwierigkeiten nicht verinnerlicht. Er hat mit Leichtigkeit die Grundschule durchlaufen.

Nicht wissen ist eine gute Basis dafür, mit Kindern zu leben oder zu arbeiten. Im pädagogischen Bereich gibt es viele Vorurteile oder scheinbar wissenschaftliche Erkenntnisse, die dies oder jenes belegen und damit immer wieder unkonventionelle Wege, neue Erfahrungen und autodidaktisches Lernen behindern. Tatsache ist, dass wir im üblichen institutionalisierten Bildungswesen gar keine Zeit und keinen Raum mehr haben für selbstbestimmte und wahrhaft kindgemäße Lernwege. Erst wenn dann plötzlich Menschen wie André Stern ins öffentliche Blickfeld geraten – André ging nie in eine Schule und ist heute ein vielseitig gebildeter Künstler, Handwerker, Buchautor und gefragter Referent[41] –, erst dann wird plötzlich die Frage diskutiert, ob es nicht doch auch ganz anders ginge. Meist aber scheint es mehr darum zu gehen einen „Exoten" herumzureichen, eine „Ausnahmeerscheinung" zu bestaunen, um dann leider recht schnell wieder zur Tagesordnung überzugehen. Und wir verpassen die Chance, tiefer zu gehen, alles sicher Geglaubte auf die Seite zu stellen und sich mit dem Nicht-Wissen anzufreunden.

---

41 André Stern: *...und ich war nie in der Schule: Geschichte eines glücklichen Kindes.* München: Zabert Sandmann Verlag, 2009. Siehe auch: Olivier Keller: *Denn mein Leben ist Lernen. Wie Kinder aus eigenem Antrieb die Welt erforschen.* Freiamt: Arbor-Verlag, 1999.

Übung

Wenn wir uns öfter die Zeit nehmen, ein Kind eine Weile nur zu beobachten, wenn es gerade mit etwas beschäftigt ist, wenn es versunken ist oder gerade alleine spielt und laut mit sich selbst redet, können wir etwas vom Geheimnis dieses Menschen ahnen.

Nimm innerlich Kontakt auf zu deinem Kind oder einem Kind, das dich einmal auf eine Weise berührt hat oder dir nahe ist. Vielleicht aber ist es auch ein Kind, mit dem du dich schwer tust, „weil es immer ...".

Lass sein Bild vor deinem inneren Auge entstehen und dann eine Situation auftauchen, in der du die Größe dieses kleinen Menschen gespürt hast oder öffne dich für die Größe selbst in dem Kind, mit dem du dich schwer tust. Wo leuchtet etwas vom Geheimnis des Lebens, des Göttlichen, durch diesen Jungen, durch dieses Mädchen? Verweile hiermit eine Zeit lang und mache dir bewusst, wie wertvoll es ist nicht schon alles zu wissen oder das Kind genau zu kennen...

Immer gibt es dieses Unbekannte, das Geheimnis eines jeden Menschen, das wir manchmal berühren oder ahnen können, vor dem wir aber auch Respekt haben sollten, weil es zu seiner Würde gehört und uns vor Gleichgültigkeit und Routine bewahrt.

Und dann wende dich dir selbst zu. Nimm dir Zeit aufsteigen zu lassen, was du über dich selbst als Vater oder Mutter zu wissen glaubst. Was du denkst und fühlst, Selbstbilder, Wunschbilder, Vorbilder...

Vielleicht taucht der Anspruch oder das Ideal auf, wie du gerne wärst und wie du „in Wirklichkeit" bist...

Lass diese Bilder und Gedanken kommen und beobachte sie nur. Genauso die Gefühle und Stimmungen, die sich damit verbinden mögen, schlechtes Gewissen, aber vielleicht auch Stolz, Freude, Dankbarkeit, Sorge und Nicht-Genügen, vielleicht sogar Erschöpfung...

Und dann mache dir bewusst, dass das alles nicht ganz du selbst bist. Dass es letztlich nur Sichtweisen, Meinungen, „Geschichten" und Gebilde deines Geistes sind, hinter denen noch ein viel größeres Geheimnis verborgen liegt...

Es gibt noch so viel Spielraum in uns, uns zu entfalten, der oder die ganz andere zu werden. Uns selbst zu überraschen und über uns hinauszuwachsen. Nicht wissen, wer wir wirklich sind, ist ein Anfang dafür.

9

(Bitte) berühren

Wer mit Kindern arbeitet, kommt an der Frage der Berührung nicht vorbei. In Zeiten abscheulicher Missbrauchs-Skandale überall in der sogenannten modernen westlichen Welt müssen wir uns fragen, was los ist mit unserer Beziehung zu Kindern und was wir tun können, um ein adäquates Verhalten zu Kindern zu entwickeln. Hier ein paar persönliche Eindrücke:

Es gibt mittlerweile Schulen in Deutschland, die es den Erwachsenen verbieten, die Kinder zu berühren. Paulina bittet ihre Mutter, mit ihrer Betreuerin im Kindergarten zu sprechen. Sie möchte gerne, dass sie sie manchmal auf den Schoß nimmt. Als die Mutter sie anspricht, wehrt die Erzieherin ab. Sie habe nicht die Zeit, alle Kinder auf den Schoß zu nehmen.

Je älter mein Sohn wird, desto seltener werden die Gelegenheiten, uns zu berühren. Wir umarmen uns nur noch (aber immerhin!), wenn wir für mehr als 2 Tage Abschied nehmen müssen. Bis er ca. 12 Jahre war, bat er abends vor dem Schlafen gehen noch um eine Massage.

Ich kenne eine freie Schule, da saßen vor ein paar Jahren immer wieder 13-, 14-jährige Mädchen und Jungen auf dem Schoß ihrer Lehrerinnen. Ohne dass sich jemand Gedanken darüber machte oder Sorgen machen musste.

Eine 13-jährige erklärt mir einmal nach einer Einheit *original play* (Ursprüngliches Spiel), bei der ich zusammen mit einer Kollegin mit ihr und ihren SchulkollegInnen gespielt habe, warum die Jungs in der Sekundarstufe ihrer Schule immer so grob zueinander sind und miteinander raufen: Bei den Mädchen sei es gesellschaftlich noch gebilligt, sich manchmal zu umarmen oder sogar Hand in Hand gehen. Bei den Jungs gelte das gleiche Verhalten als „schwul" – was sozusagen die schlimmstmögliche Diffamierung darstellt. (Trotz aller öffentlicher Entwicklungen hin zu mehr Toleranz, ist der Begriff „schwul" im Sprachgebrauch gesellschaftlich leider immer noch negativ besetzt). So können Jungen nur über Raufen, Kämpfen und grobes Miteinander ihrem Bedürfnis nach Körperkontakt nachgehen.

Der Missbrauch von Kindern, der erschreckenderweise auch in pädagogischen Einrichtungen im großen Stil geschehen ist, belastet offensichtlich einen natürlichem Umgang mit Berührung von Kindern, vor allem im professionell-pädagogischen Bereich. Wenn wir unsere Kinder – auch als PädagogInnen – nicht mehr berühren dürfen, können wir ein essentielles menschliches Bedürfnis nicht erfüllen. Gerade Berührung kann unsere Angst voreinander beruhigen. Natürlich können wir auch schon mit Worten und Blicken in Beziehung treten. Doch ist die achtsame körperliche Berührung die intensivste menschliche Möglichkeit, Kontakt aufzunehmen, Verbindung herzustellen. So können wir auch jedes Ding berühren, ein Werkzeug oder ein Spielzeug, um es in unserer Hand lebendig werden zu lassen. Wenn uns diese Möglichkeit prinzipiell genommen wird, werden wir einander zu Holzklötzen.

Wer sich in Achtsamkeit üben will, kann viel von Fred Donaldsons Ursprünglichem Spiel lernen. Es geht hier um eine Form, wie kleine Kinder genauso wie wilde Tiere und im Grunde alle Wesen miteinander in Kontakt treten können, um ihre Zugehörigkeit und Verbundenheit miteinander zum Ausdruck zu bringen, zu erfahren und zu pflegen. Was es dafür braucht, ist Offenheit, Präsenz und Berührbarkeit. Wie in der (interpersonellen) Achtsamkeit öffnen wir uns für das, was gerade in uns und zwischen uns da ist, und versuchen miteinander in Kontakt zu treten: Ohne vorgegebene Form, ohne Programm und Methodik, unmittelbar – also ohne „Mittel" wie Spielzeug oder didaktischem „Material", buchstäblich also mit leeren Händen. So können wir aus unserer vorgestellten Getrenntheit heraustreten und in die ursprüngliche Verbundenheit aller Wesen eintauchen. Können uns „miteinander vertraut machen", einander „zähmen", wie es der Fuchs dem „Kleinen Prinzen" erklärt.

"Bitte… zähme mich!" – Einander vertraut machen

Eingewöhnungszeit im Kindergarten. Es ist immer etwas Besonderes, wenn ein neues Kind zu uns in den Kindergarten kommt. Meist kommt das Kind in den ersten Tagen mit seiner Mutter oder (seltener) mit seinem Vater. Diese Annäherung zwischen mir und dem Kind (und auch der Mutter oder dem Vater) ist oft spannend, aufregend und schön, braucht aber auch viel Fingerspitzengefühl. Dieses Mal dauert die Eingewöhnungszeit länger, unser neues Kind ist zwar schon fünf Jahre alt, aber die Verzögerung in seiner Entwicklung veranlasst uns, uns allen von vornherein mehr Zeit zu lassen.

In diesen vergangenen Wochen mit Tabetha hab ich öfter an den „kleinen Prinzen" denken müssen.

> *"Guten Tag", sagte der Fuchs.*
>
> *„Guten Tag", antwortete höflich der kleine Prinz, der sich umdrehte, aber nichts sah.*
>
> *„Ich bin da", sagte die Stimme, „unter dem Apfelbaum…"*

„Wer bist du?", sagte der kleine Prinz. „Du bist sehr hübsch..."

„Ich bin ein Fuchs", sagte der Fuchs.

„Komm und spiel mit mir", schlug der kleine Prinz vor. „Ich bin so traurig..."

„Ich kann nicht mit dir spielen", sagte der Fuchs. „Ich bin noch nicht gezähmt!"

„Ah, Verzeihung!" sagte der kleine Prinz. Aber nach einiger Überlegung fügte er hinzu: „Was bedeutet das: ‚zähmen'?"

[...]

„Was muss ich da tun?"

„Du musst sehr geduldig sein", antwortete der Fuchs. „Du setzt dich zuerst ein wenig abseits von mir ins Gras. Ich werde dich so verstohlen, so aus dem Augenwinkel anschauen, und du wirst nichts sagen. Die Sprache ist die Quelle der Missverständnisse. Aber jeden Tag wirst du dich ein bisschen näher setzen können...".[42]

So erlebte ich das mit Tabetha. Wir mussten sehr geduldig sein. Und wir fingen buchstäblich damit an, uns zuerst ein wenig abseits voneinander auf den Boden zu setzen. Und uns so verstohlen, so aus dem Augenwinkel anzuschauen. Fred Donaldson nennt das *play look,* „Spielblick". Und ich habe selbst wieder gemerkt, dass es besser ist, möglichst wenig zu sprechen. Das Reden kann erschrecken. Es ist manchmal einfach zu laut, aufdringlich, bedrohlich. Und es ist die „Quelle der Missverständnisse". Nach und nach haben wir auch angefangen mit Lauten und Worten zu spielen. Langsam haben wir uns sogar erlaubt, uns kurz in die Augen zu schauen. Dann wieder eher aus dem

---

42 Antoine de Saint-Exupéry: *Der Kleine Prinz.* Düsseldorf: Karl Rauch Verlag, 42. Aufl. 1987, S. 50–52.

Augenwinkel. Mittlerweile können wir „Guten Tag“ sagen, ohne uns unterm Apfelbaum verstecken zu müssen.

Im Ursprünglichen Spiel ist die Haltung des Spielgefährten genau diese zarte Annäherung, die der Fuchs mit „zähmen“ beschreibt: „sich vertraut machen“. Je tiefer ich dieser Spur folge, desto mehr spüre ich, dass dieses Ursprüngliche Spiel den alltäglichen Begegnungen mit meinen Kindern innewohnt, ob im Kindergarten oder zu Hause.

Plötzlich klettern mir Kinder auf den Rücken und ich kann sie lassen. Sie suchen Kontakt und bisweilen „geben sie Liebe“, wie Fred das bezeichnet. So einfach ist es. Und so abgeschnitten kann unser Erwachsenenleben und unsere „Erzieher“-Rolle sein, dass wir uns schwer tun, diese einfache Wahrheit wahrzunehmen und ein kleines Liebeszeichen zu empfangen. Nicht zuletzt besteht die Kunst des Ursprünglichen Spieles darin, das Nehmen, das Empfangen wieder zu lernen. Ist doch das Empfangen generell (und das Lernen *von* den Kindern im Speziellen) nicht gerade etwas, was Teil unserer pädagogischen Ausbildung wäre. Wenn Fred Donaldson die Essenz des Ursprünglichen Spiels beschreibt, dann genau so: „Liebe geben und empfangen“. Das mag sehr pathetisch oder abgehoben klingen. Ist aber in der Praxis sehr konkret. So konkret wie die Berührung eines Kindes. Oder der Rempler, der mich zum Spiel auffordert. Aber wenn ich nicht offen dafür bin, werde ich schon gar nicht körperlich auf ihrer Höhe sein, sondern buchstäblich „drüber stehen“. Und wenn ich nicht auf ihrer Höhe bin – also auf Augenhöhe, wenn ich mit ihnen zu tun habe, dann kann es mir nicht passieren, dass mir ein Kind plötzlich ins Gesicht fährt und durch meinen Bart pflügt. Und wenn ich nicht bereit dafür bin, dass mir ein Kind auch mal auf die Schultern klettert, werde ich mich empören: „Du ruinierst mir meine Bandscheiben!“ Anstatt zu lernen, mich so hinzusetzen, dass ich es gut aushalten oder damit umgehen kann, wenn ein (oder sogar mehrere Kinder) auf meinen

Rücken wollen. Wenn ich nicht umlerne und mich wieder auf den Weg mache, zu dieser ursprünglichen Arglosigkeit zurückzukehren, werde ich das Kissen, das auf mich geflogen kommt, nicht als Einladung verstehen können. Wenn ich nicht auf den Boden dieser Realität zurückkomme, stehe ich leider über diesen Dingen.

Zugegeben: Es geht uns natürlich nicht immer gleich. Wir sind nicht immer ausgeglichen genug, um der Welt mit Freundlichkeit zu begegnen. Und wenn ich nicht im Frieden mit mir selbst bin, kann ich auch nicht friedvoll mit meiner Umgebung sein. Aber ich erlebe, wie die Haltung des Spielgefährten mir zu SpielgefährtInnen verhilft. Und diese helfen mir, das Kreisen um mich selbst zu verlassen oder mich loszureißen von den tausend wichtigen Dingen, die zu erledigen sind. Es wimmelt in dieser Welt nur so von SpielgefährtInnen. Wenn wir so wollen, fängt das schon mit dem wunderbaren Wintermorgen an, mit den schneebedeckten Bergen, die schon in der Dämmerung das Licht in ihrem Weiß sammeln und mich einladen, die morgendliche Fahrt mit meinem Rad nicht schon in Gedanken an die „Arbeit" zu verpassen. Und es begleitet mich durch den Vormittag im Kindergarten. Und endet mit meinen Kindern zu Hause, die sich beim Balgen mit mir auch ihre Portion *original play* holen.

Selbst wenn man beruflich ständig mit den gleichen Kindern zu tun hat, macht es Sinn, es zusätzlich zu den informellen Gelegenheiten in dem Rahmen anzubieten, den Fred Donaldson entwickelt hat: Alle, die mitmachen wollen, setzen sich an den Rand der Matten und warten, bis sie dran sind. Zuerst spiele ich mit jedem Kind kurz einzeln, dann vielleicht noch eine Runde einzeln, dann zu zweit, zu dritt – je nachdem wie geübt ich bin und wie die Gruppe der Kinder sich zusammensetzt. Es ist meine Aufgabe für Sicherheit zu sorgen, selbst wenn Kinder kämpfen statt zu spielen. Im Ursprünglichen Spiel versuche ich einen Raum zu schaffen, in dem sich Kampf und

grobes Verhalten wieder in Spiel verwandeln kann – ohne darüber zu sprechen, also allein durch meine arglose, freundliche und gewaltfreie Haltung und ein gewisses Maß an körperlichem „Handwerk". Auch für meine Sicherheit bin ich verantwortlich. Je nachdem, wie viele Kinder es sind, kann dieses Setting 10 oder 45 Minuten dauern.
Daneben nehme ich „informelle" Gelegenheiten wahr, mit den Kindern in Kontakt zukommen. Ich sehe das auch als eine Form von Ursprünglichem Spiel. Als ich einmal über längere Zeit Rückenschmerzen hatte, versuchte ich sie mit Wirbelsäulengymnastik zu kurieren. Kaum legte ich mich zu Hause auf den Boden und war meine damals kleine Tochter Lio in der Nähe, fing sie an auf mir herumzuklettern. Ähnlich ist es, wenn ich heute im Kindergarten auf dem Boden sitze, um mit einem Kind ein Brettspiel zu machen oder der Gruppe die Schlussgeschichte zu erzählen. Manche Kinder lehnen sich an meinen Rücken, klettern auf meine Schultern oder kommen auf meinen Schoß. Das ist nichts Spektakuläres, die meisten von uns kennen das, manche tun das, ohne dass sie es „Ursprüngliches Spiel" nennen. Es ist auch nicht wichtig, wie wir es nennen, aber wir wissen vielleicht nicht um die enorme Bedeutung und Auswirkung, die dieser körperliche Kontakt mit unseren Kindern auf längere Sicht für unsere Beziehung und für ihr und unser Leben hat – auch, wenn sie schon größer sind. Seit ich mich mehr und mehr öffne für das, was Fred Donaldson *original play*, „Ursprüngliches Spiel" nennt, bin ich jedenfalls viel mehr in Körperkontakt mit meinen Kindern im Kindergarten. Sie gehen mehr auf mich zu und ich lasse es wohl einfach auch mehr zu. Auf ganz natürliche Weise.

Mehr Interaktion und Bewegung entsteht „informell" auch, wenn ich mich etwa im Bewegungsraum unseres Kindergartens auf den Boden setze und mich körperlich anbiete oder einfach auf allen Vieren in ihre Nähe gehe. Das tu ich manchmal auch bewusst, wenn sich die Stimmung etwas aufgeladen hat.

> *Und [der kleine Prinz] fühlte sich sehr unglücklich. Seine Blume hatte ihm erzählt, dass sie auf der ganzen Welt einzig in ihrer Art sei. Und siehe!, da waren fünftausend davon, alle gleich, in einem winzigen Garten! […] Und er warf sich ins Gras und weinte. In diesem Augenblick erschien der Fuchs.*[43]

So die Vorgeschichte zu der Begegnung des kleinen Prinzen mit dem Fuchs. Im Augenblick seiner Verzweiflung und Enttäuschung über die fünftausend Rosen hier auf der Erde, die scheinbar die Einzigartigkeit seiner Rose auf seinem Planeten zu Hause entwerten – in diesem Augenblick also erscheint der Fuchs und lädt ihn ein mit ihm zu spielen. Im Lichte der Achtsamkeitspraxis und des Ursprünglichen Spiels könnten wir interpretieren: Vielleicht gibt es immer einen Spielgefährten, der uns hier und jetzt herausführen möchte aus unserem Selbstmitleid. Oder aus unseren verzerrten Vorstellungen von der Welt oder von uns selbst. Herausreißen vielleicht auch nur aus unseren Gedanken, die uns trennen von der Welt und von dem, was uns hier und jetzt umgibt. In der Begegnung mit einem Du können wir ein Stück Vertrautheit und Geborgenheit in dieser Welt zurückgewinnen. Alles ist in diesem Kosmos miteinander verbunden. Und doch ziehen wir uns immer wieder auf unser kleines selbst gebasteltes Ich zurück und fühlen uns unglücklich. Freunde wie der Fuchs beim Kleinen Prinzen sowie Kinder gehen immer wieder offen auf uns zu, um uns daran zu erinnern, dass wir nicht alleine sind.

---

43 Antoine de Saint-Exupéry ebd., S. 50.

Übung

Achte einmal darauf, wie oft am Tag du dein Kind berührst und dabei ganz präsent bist. Schau ehrlich hin, wie häufig das tatsächlich geschieht und frage dich gegebenenfalls, wie du mehr Anlässe nützen oder schaffen kannst. Oft liegt es nur daran, dass wir uns bewusst ein paar Momente Zeit nehmen. Gerade wir Väter leiden manchmal darunter, dass unsere Kleinen eher zur Mama gehen als zu uns, wenn sie körperliche Nähe brauchen. Dabei liegt es auch an uns, wie weit wir uns dafür öffnen, dass sich unser Kind einmal auf unseren Schoß setzt oder sich zu uns kuschelt.

Zu unseren ganz Kleinen können wir uns einfach auf den Boden legen, so dass sie auf uns herumturnen können. Wenn sie schon größer sind, können wir sie auf unseren Schultern tragen oder auf unserem Rücken reiten lassen, einen Rahmen schaffen, mit ihnen zu balgen oder einfach einander nahe zu sein. Original Play ist hier eine wunderbare Möglichkeit, eine adäquate Form der Berührung zu kultivieren und einander Liebe zu schenken – natürlich nicht nur für Väter! Achte besonders darauf, dass sich bei dir selbst keine Elemente des Kämpfens einschleichen oder du gar den Kindern zeigen willst, „wer der Stärkere ist". Wenn die Kinder kämpfen, können wir lernen im Spiel zu bleiben und so Raum zu schaffen, in dem auch sie wieder zum Spiel zurückfinden. Und schalte auch hier immer wieder auf Empfang. Wenn wir ständig geben und aktiv sind, verpassen wir manchmal die Geschenke der Kinder. Auch sie haben uns etwas zu geben! Das gilt vor allem beim Spielen, aber auch sonst.

Wenn sie schon sieben, acht oder neun Jahre alt sind, dürfen wir uns langsam bewusst werden, dass solche Momente kostbar sind und vielleicht heimlich still und leise verschwinden werden, bevor wir es merken. Die Gelegenheiten werden mit den Jahren seltener und wenn wir achtsam sind, werden wir sie auch später noch finden – trotz aller scheinbar „natürlichen" körperlichen Abgrenzung mit den Jahren. Manche Gelegenheiten können wir selbst schaffen oder müssen sie bewusst wahrnehmen, damit wir nicht buchstäblich den Kontakt zu unseren Kindern verlieren. Eine Berührung, bevor sie außer Haus gehen oder eine Massage beim Schlafengehen. Bei älteren oder schon erwachsenen Kindern müssen wir bewusst Gelegenheiten nützen, uns zu umarmen, zum Beispiel wenn wir uns mal für ein paar Tage verabschieden, oder wenn nach schwierigen Gesprächen oder Situationen eine Hand auf der Schulter oder eine Umarmung als Zeichen der Nähe möglich sind.

10

Leiden

Diese Überschrift mag irritieren: Wie kann *leiden* eine Übung sein? Wir haben schon gesehen, dass wir auf dem Übungsweg der Achtsamkeit nicht leichten Fußes und mit rosaroter Brille marschieren. Wir gehen dem Schwierigen und Leidvollen nicht aus dem Weg, weil es Teil unserer Realität ist, der wir uns in dieser Praxis stellen wollen. Wir können im Hier und Jetzt nicht ankommen, wir werden nicht aufwachen, wenn wir nicht auch das Dunkle und Schmerzvolle wahrnehmen und annehmen lernen. Nur dann kann es sich auch lösen oder können wir es loslassen. Wer mit Kindern zu tun hat, wird Gelegenheit bekommen, auch hier etwas für sein eigenes Leben zu lernen. Hier können wir in den kleinen Dingen einen Umgang finden und eine Haltung einüben, die uns vielleicht für die großen Fragen neu öffnet. Immerhin ist die Frage nach Leid und Unheil in dieser Welt eine der zentralen Fragen der großen Religionen. Im Christentum ist Jesu Leidensgeschichte untrennbar verknüpft mit der Frage nach Heil und Erlösung, sodass das Kreuz das Erkennungszeichen einer ganzen Religion geworden ist. Im Buddhismus – in dem die Achtsamkeitspraxis entwickelt wurde – steht die Frage nach dem Leid am Beginn von Buddhas Weg. Schließlich hat auch Jon Kabat-Zinn sein Konzept der Stressbewältigung durch Achtsamkeit (MBSR – *Mindfulness Based Stress Reduction*) im klinischen Kontext entwickelt, um Menschen mit schweren Krankheiten oder chronischen Schmerzen zu helfen. Es würde hier natürlich zu weit führen, diese Zusammenhänge näher zu erläutern, aber es ist wichtig zu sehen, welch enorme Bedeutung das Verständnis und der Umgang mit Leid für uns Menschen hat, und sozusagen „die Richtung" anzudeuten. Eckhart Tolle hat – wohl im Rückgriff auf diese beiden Religionen – darauf hingewiesen, dass der Schlüssel dabei nicht das Leiden selbst ist, sondern unser Umgang damit: Wenn sich Schwierigkeiten und Leid nicht vermeiden oder lösen lassen, so müssen wir dennoch versuchen nicht davor davonzulaufen, zu erstarren oder zu kapitulieren. Letztlich führt der Weg über eine Auseinandersetzung mit dem, was in der buddhistischen Terminologie „Anhaftung" am Schmerz genannt wird, mit dem „Hängenbleiben",„Feststecken" und „Einrasten", wie Pema Chödrön es so plastisch übersetzt[44], mit den Geschichten und Verstrickungen, die unser Geist und Denken zusätzlich zum äußerlich verursachten Schmerz erschafft, und sich von ihnen zu lösen. Immer wieder geht es darum, das Nicht-Wahrhaben-Wollen dessen, was ist und geschieht, zu überschreiten, den Kampf und unseren Widerstand gegen das Unveränderliche aufzugeben und uns für Akzeptanz und Hingabe zu öffnen.[45] Hilfreich dafür ist auch die bereits beschriebene Übung im Nichtwissen. Gerade das Leid bringt uns manchmal im Leben an die Grenzen dessen, was wir verstehen können. So kann der Anfang eines heilsame-

---

44 Pema Chödrön: *Den Sprung wagen. Wie wir uns von destruktiven Gewohnheiten und Ängsten befreien.* München: Goldmann Verlag, 2013, S. 34.

45 Vgl. dazu: Eckhart Tolle: *Stille spricht.* A.a.O., S. 67–78, sowie: Eckhart Tolle: *Jetzt! Die Kraft der Gegenwart. Ein Leitfaden zum spirituellen Erwachen.* Bielefeld: J. Kamphausen Verlag, 20. Aufl. 2008, S. 94–95.

ren Umganges mit Leid darin liegen, den Versuch aufzugeben, Unfassbares verstehen zu wollen.

Das Geheimnis, im Umgang mit dem Leid auch einen Weg des Heiles zu entdecken, bedarf einer Einsicht und Bereitschaft, die Eckhart Tolle so schön beschreibt:

„Wenn es keinen Weg heraus gibt, gibt es immer einen Weg hindurch."[46]

Auf diesem „Weg hindurch" ist es gut, wenn wir Menschen haben, die uns achtsam begleiten. Mit Kindern können wir dies in den kleinen schmerzvollen Erfahrungen des Alltags als Gelegenheit ergreifen, unseren eigenen Umgang mit Schmerz und Leid zu erforschen und gleichzeitig ein Geheimnis zu berühren, das große Religionen seit Jahrtausenden beschäftigt.

Wenn ein Kind weint, springt unwillkürlich das Alarmsystem der zuständigen Erwachsenen an. Wo es das nicht (mehr) tut, kommt es zu schrecklichen Geschichten, in denen Kinder verwahrlosen und Erwachsene verrohen. Aber es gibt auch das andere Extrem. Manche Kinder heulen selbst los wie Sirenen, auch wenn gar nicht viel passiert ist. Manchmal springen aber auch die Erwachsenen los wie die Feuerwehr und fügen einem kleinen Unfall eine große Dramatik hinzu. Oft können Erwachsene kaum mit ansehen, dass ein kleines Kind leidet, und sie scheinen wie gezwungen, irgendetwas zu *tun*. Natürlich sollten wir alles in unserer Macht Stehende tun, um Kindern (wie allen Menschen) zu helfen, wenn sie in Not sind, sich verletzt haben oder leiden. Gleichzeitig haben wir schon gesehen, dass es ein wichtiger Entwicklungsschritt ist, aus unserem Aktivismus auch zurücktreten zu können, um *nicht* zu tun. Wenn ein Kind leidet, ist das für viele Erwachsene unerträglich und triggert leicht Verhaltensweisen, die zwar aus der Geschichte des Erwachsenen

46 Eckhart Tolle: *Jetzt! Die Kraft der Gegenwart. Ein Leitfaden zum spirituellen Erwachen.* Bielefeld: J. Kamphausen Verlag, 20. Aufl. 2008, S. 228.

verständlich sein können, dem Kind in der jeweiligen Situation aber dennoch nicht immer helfen.

Sobald wir versuchen (nicht notwendigen) Aktionismus zu vermeiden oder gegen herkömmliche und unhinterfragte Automatismen *anders* zu handeln, muss man sich schnell dem Vorwurf aussetzen, ein Kind leiden zu lassen. Dennoch hilft es manchmal Kindern mehr, wenn wir weniger *tun* als mehr versuchen, da zu *sein.*

Weinen

Unser Sohn ist noch ganz klein, vielleicht zwei Jahre alt. Er verletzt sich bei den Großeltern mit einer Gabel im Mund und fängt bitterlich zu weinen an. Instinktiv nehme ich ihn einfach auf den Arm, gehe mit ihm ein Stück abseits und halte ihn einfach nur. Ich nehme seinen Schmerz wahr und ernst, lasse mich aber nicht von seinem Schmerz in eine Panik reiten. Weil ich spüre, dass keine schwerwiegende Verletzung passiert ist, muss ich nicht gleich etwas „tun". Einfach nur da sein für ihn und ihn halten ist die beste Erste Hilfe, die ich jetzt leisten kann. Jetzt seinen Schmerz wahrnehmen und einfach nur da sein. Das ist das einzig Wichtige jetzt und verhindert weiteres, selbstgemachtes Leiden, das sich weiter fortpflanzen könnte, etwa durch Vorwürfe – sei es an mich, andere oder gar an ihn selbst.

Die Begleitung von Kindern, die sich gerade weh getan haben, die weinen oder es gerade schwer haben, ist eine hohe Kunst. Solche Situationen sind nicht nur heikel für unsere Kinder, sondern auch für uns Erwachsene. Sie sind ein Brennpunkt unserer pädagogischen Arbeit, und wir können auch viel über uns selbst erfahren. Dabei gibt es kein richtig und kein falsch, jeder und jede geht quasi mit sich selbst hinein in solche Situationen, mit den eigenen Vorerfahrungen, Gefühlen und Sichtweisen. Die Begleitung des Kindes erfolgt „auf eigene Gefahr" und entsteht im Gehen. Natürlich lernen wir jedes Mal etwas dazu, können uns von Büchern und Idealen inspirieren lassen und können aber auch auf unsere Intuition vertrauen und versuchen möglichst authentisch zu bleiben.

Trennung und Ablösung

Im Kindergarten ist es die Eingewöhnungszeit, die hier viele Gelegenheiten bietet. Die hier vorgestellten Beispiele sind nicht als Rezept gedacht und auch keineswegs als Ideal. Sie hatten sich in der Begleitung der Kinder so ergeben. Es war jeweils mein Versuch, auf eine bestimmte Situation so zu reagieren, wie ich sie wahrgenommen habe und wie es mir möglich war.

1. Anton:
Anton (drei Jahre) geht zum ersten Mal mit zu unserem wöchentlichen Waldtag. Seine Mutter hat sich schon verabschiedet. Es ist etwas unruhig, weil mehrere Kinder zum ersten Mal dabei sind, es ist unser erster Waldtag zu Beginn unseres Kindergartenjahres. Zudem ist unser Praktikant zum ersten Mal dabei – also eine fremde Person – und wir stehen etwas unschlüssig an unserem ersten Warteplatz zusammen, bei dem wir manchmal auch überhaupt bleiben. Wie aus heiterem Himmel beginnt Anton zu weinen, es scheint ihm plötzlich die Sicherheit abhanden gekommen zu sein. Ich stehe in seiner Nähe und kann mich sofort um ihn kümmern, versuche mit ihm in Kontakt zu kommen, seine Hände zu berühren, schaue, ob ich ihn auf den Schoß oder auf den Arm nehmen kann. Er wehrt zunächst ab, ich bleibe bei ihm, versuche ein wenig mit ihm zu reden, überlege, was ich für ihn tun kann. Nach ein paar Minuten nehme ich ihn doch auf den Arm, obwohl er es zunächst eigentlich nicht will. Aber ich spüre, dass er sich nicht weiter wehrt und doch nehmen lässt. Ich gehe mit ihm etwas von der Gruppe weg, versuche die Situation für ihn zu beschreiben, dass wir bis jetzt immer

im Kindergarten waren, der dort unten liegt (ich zeige in die Richtung), heute aber zum ersten Mal zusammen in den Wald gehen. Ich zeige ihm nochmal woher wir gekommen sind und wohin wir später wieder gehen werden und wo ihn seine Mama wieder abholen wird. Er beruhigt sich, macht aber keine Anzeichen, dass er wieder von meinem Arm herunter möchte. So bleibt er bei mir und ich wende mich der Gruppe wieder zu. Wir entscheiden uns dann, zu unserem Hauptplatz weiter zu gehen. Obwohl es noch ein Stück steil bergauf zu gehen ist und ich Anton auf dem Arm trage, ist es die richtige Entscheidung, die Situation beruhigt sich. Ich stelle Anton manchmal wieder auf den Boden, er bleibt aber ganz in meiner Nähe und will immer wieder getragen werden (was mir indirekt zeigt, dass es nicht falsch war, ihn auf den Arm zu nehmen). Ich bleibe, so gut es geht, ganz bei ihm, mache mit ihm auf dem Schoß Feuer und trage ihn meist mit mir, wenn ich einmal weg muss, weil mich andere Kinder gerade brauchen.

Damit ihm der Vormittag nicht zu lange wird, wird er etwas früher abgeholt, wir konnten aber die Krise am Anfang zusammen meistern und einander näher kommen.

2. Fritz:

Fritz (drei Jahre) stürzt mit dem Fahrrad und weint. Sein Papa war zum ersten Mal mit ihm da, blieb eine Weile bei ihm und ist nun aber einkaufen gegangen. Fritz lässt sich von mir nehmen, sitzt länger auf meinem Schoß. Wir besprechen kurz, was passiert ist, und klären, ob es eine Wunde zu versorgen gibt. Er fragt nach seinem Papa. Ich zeige ihm den Weg, den dieser zum Einkaufen gegangen ist und auf dem er bald wieder zurückkehren wird. Das scheint ihm zu genügen. So bleibt er noch eine Weile bei mir, weint sich aus, ohne zu verzweifeln. Ich brauche seinen Papa nicht anzurufen. Als dieser wiederkommt, ist der Unfall eigentlich schon vergessen, Fritz reagiert gar nicht sonderlich darauf, dass sein Papa wieder da ist. Ich erzähle ihm kurz von dem Vorfall und wir freuen uns, dass sich Fritz sicher genug gefühlt hat, sich nach dem Unfall von mir trösten zu lassen.

Es hätte die Möglichkeit gegeben, auf die Schokolade seiner Mutter zurückzugreifen, sozusagen als Trostpflaster oder als etwas, das er von zu Hause her kennt, wenn es Fritz schlecht geht. Seine Mutter hatte sie uns schon Tage zuvor dagelassen, da sie sie zu Hause manchmal als Rettungsring verwendet, wenn er zu wenig isst und dann offenbar unleidig wird – so ähnlich wie bei meiner Geschichte mit der Banane. Ich konnte mir aber nicht recht vorstellen, einem Kind im Fall eines Durchhängers eine *Schokolade* anzubieten, ganz abgesehen von dem Signal, das wir damit an andere Kinder aussenden würden. So habe ich mich auch in der Begleitung seines kleinen Radunfalls samt Folgeerscheinung, zu seinem Papa gehen zu wollen, gegen die Schokolade entschieden. Er hatte auch nicht danach gefragt. Und es schien mir keine adäquate Reaktion auf einen Moment des Schmerzes zu sein. Viel wichtiger war mir die persönliche Hinwendung, meine körperliche Nähe, mein Trost buchstäblich „mit leeren Händen“, aber mit der Zusicherung, dass der Papa bald vom Einkaufen zurück wäre. Und ich erlebte es auch als größeren Gewinn für ihn, diese kleine Krise sozusagen ohne Ablenkung durchzustehen, und das zugleich mit mir, der ja fortan für ihn da sein und ihm Sicherheit und Geborgenheit bieten muss, gerade dann wenn es mal schwierig wird. So war es eigentlich eine gute Gelegenheit, Beziehung aufzubauen. Genau diese Chancen können wir in unserer Arbeit nützen, wenn wir die Eltern dieser noch so jungen Kinder für den Moment und für einige Stunden am Tag „ersetzen“ sollen. Wenn sich Eltern entscheiden, ihr Kind in die Obhut fremder Betreuungspersonen zu geben, liegt die Herausforderung für sie darin, den PädagogInnen und ihren Kindern zuzutrauen, solche Krisen zu meistern und die dafür nötige Vertrauensbeziehung aufzubauen. Manchmal beinhaltet das auch, den eigenen Schmerz zu überwinden, sich für diese Trennung entschieden zu haben und für diese Zeit nicht mehr zuständig zu sein.

3. Maria:
Maria (drei Jahre) tut sich im Bewegungsraum weh. Sie ist in der Bewegung, vor allem beim Klettern, sehr geschickt, aber auch manchmal waghalsig und fürchtet kaum Gefahren. So passieren manchmal kleine Unfälle. Sie ist noch in der Eingewöhnungszeit, die Mama ist schon gegangen. Sie hat einen guten Kontakt zu mir und lässt sich von mir auf den Schoß nehmen, als sie sich weh tut. Sie weint lange, ich werde unsicher, ob ich ihre Mama anrufen soll und biete es ihr schließlich an. Im Gespräch mit ihrer Mama stellt sich heraus, dass sie oft lange weint, wenn sie sich weh getan hat. In diesem Wissen kann ich beim nächsten Mal ihr Weinen gelassener begleiten.

4. Antje:
Antje will Mama heute nicht gehen lassen. Ihre Mama kommt schon mit der Ahnung, dass es „wieder Theater geben wird", dass sie sich an sie klammern und sie nicht gehen lassen wird. Es zeigt sich aber sehr schnell, dass sie auch nicht mit Mama wieder heimgehen will, weil sie ja eigentlich gern hier ist und mit den Kindern spielen möchte.

Wie so oft sprechen wir als Eltern (ich schließe mich ausdrücklich ein) in so einem Fall gern von „Theater", rücken die Gefühle der Kinder in ein schräges Licht, senden im Grunde die Botschaft: Dein Verhalten und deine Gefühle sind nicht okay. Du tust das nur, um mich zu nerven oder mich zu erpressen!

Voraussetzung für einen adäquaten Umgang mit Situationen, in denen Kinder leiden und/oder sich aufregen, ist in jedem Fall das aufmerksame Hinspüren, Wahrnehmen und Ernstnehmen des Trennungsschmerzes. Manchmal können Eltern den Trennungsschmerz schwer annehmen, er löst ja auch bei ihnen Schmerz aus. Auch den gilt es wahr- und ernstzunehmen. Gelingt dies, kann er benannt werden, und es ist nicht mehr nötig, in allerhand „Spielchen" oder Manipulationen auszuweichen. So kann durch ehrlichen Kontakt die Nähe erhalten bleiben. In dieser Ehrlichkeit und Nähe lässt sich leichter entscheiden, ob es besser ist sich noch ein bisschen Zeit zu nehmen und beim Kind zu bleiben. Vielleicht ist es auch gar nicht möglich oder auch nicht hilfreich, weil der Schmerz unter Umständen nur hinausgezögert bzw. sogar verlängert wird. Entscheidend ist in jedem Fall, wie authentisch und ehrlich wir sind, und wie genau wir wahrnehmen können, was gerade ist und geschieht – bei unserem Kind genauso wie bei uns selbst. Nur wenn wir uns einen kleinen „Raum" schaffen können, einen kleinen Abstand zu den Gefühlen und Impulsen, können wir entscheiden, wie wir uns verhalten sollen. Anderenfalls verhalten wir uns automatisch und spulen mitunter (alte) Muster ab, die meist in dieser (neuen) Situation nicht mehr hilfreich sind. Die „Spielchen" schieben wir im Übrigen auch gern den Kindern in die Schuhe, genauso wie die Verantwortung dafür, dass die Trennung weh tut.

Wenn es einem Kind – ob grundsätzlich oder gerade hier und heute – schwerfällt, sich von den Eltern zu lösen, ist es immer die Verantwortung der Erwachsenen, mit dieser schwierigen Situation umzugehen. Das Kind drückt seine Schwierigkeiten oder seinen Schmerz auf seine Weise aus, es verhält sich so, wie es sich anders gar nicht verhalten kann. Rebeca Wild ging immer davon aus, dass sich ein Kind so verhält, wie es sich gerade eben fühlt, und dass das Verhalten des Kindes die einzig adäquate Antwort auf sein Erleben ist. Wenn wir das Kind nicht manipulieren, wird es auch uns nicht manipulieren. Es will einfach nur gesehen werden, sich „gefühlt fühlen" und bringt dieses Bedürfnis so zum Ausdruck, wie es das gerade kann oder auch durch die komplizierte Interaktion mit den Eltern gelernt hat. Es ist unsere Herausforderung, eben wahrzunehmen, was in dem Kind vor sich geht, wie es sich fühlt und was es braucht.

Meist ist es befreiend, wenn wir die Dinge einfach beim Namen nennen, auch wenn Eltern das manchmal so empfinden, als würde man erst recht in der Wunde bohren: „Du möchtest lieber bei der Mama bleiben. Das geht leider nicht, weil Mama arbeiten gehen muss." Oder auch: „...weil Mama Zeit für sich braucht." Das kann „tough" sein und der Mama auch Gewissensbisse machen. Aber wenn es so ist, ist es so. Kinder können auch damit leben, dass ihre Eltern auch Bedürfnisse haben. Was sie wirklich verletzt und wir ver-lernen müssen, ist ihre Gefühle nicht anzuerkennen oder ernstzunehmen („Schluss jetzt mit dem Theater"), ihren Schmerz zu verdrängen oder zu manipulieren („Geh mal rein, schau mal, was deine Freunde machen, schau mal was die Tante gerade Cooles macht..."), oder gar ihnen ein schlechtes Gewissen zu machen: „Mama hat so viel Arbeit mit dir, sie muss auch mal rasten. Meinst du nicht auch?"

Schmerz, Verantwortung und Leid

Wir dürfen als Erwachsene Führung übernehmen und auch für uns selbst sorgen. Aber wir müssen auch dafür die Verantwortung übernehmen. Es ist unsere Entscheidung. Immer und immer wieder wünschen sich die Eltern, dass die Kinder schon möglichst früh in ihrem Leben ihre Eltern loslassen können und frisch und fröhlich in eine Gruppe von 15 oder 25 Kindern hineinspazieren. Wenn schon nicht aus Spaß daran, dann doch zumindest „um auch etwas zu lernen und schlau zu werden", oder „damit sie später auch was Vernünftiges arbeiten und Geld verdienen werden." – Als Eltern fallen uns solche Gründe ein und manchmal sagen wir sie dann auch noch, ohne zu merken, wie wir sie damit überfordern oder was wir ihnen dabei aufbürden! Wir wünschen uns also, dass die Kinder immer locker „Tschüss" sagen, sobald sie den Kindergarten betreten. Manche Kinder tun das auch, manche Kinder schicken ihre Eltern sogar schneller, als denen lieb ist nach Hause, sobald sie über die Schwelle in den Kindergarten treten. Manchmal, weil sie tatsächlich bereit sind für diesen Schritt, oder „alt" genug und sicher genug. Manchmal auch, weil sie selbst das „Theater" mit den Eltern vermeiden wollen, gerade wenn diese oft mit ihrem (alten) Schmerz in Berührung kommen.

Im Fall von Antje ging es darum zu erkennen, dass sie am liebsten hätte, Mama bliebe den Vormittag über einfach da und sie könnte spielen, wüsste aber ihre Mama in der Nähe. Das ist eigentlich das Natürlichste von der Welt für ein Kind mit drei oder knapp vier Jahren. Es ist nur in unserer Gesellschaft so nicht vorgesehen. Wir machen dieses Natürlichste für ein Kind unmöglich und schieben das „Theater" dafür oft genug den Kindern in die Schuhe. Wenn wir erkennen, was Realität ist, ohne sie zu beurteilen – die Arbeitsdefinition von Achtsamkeit – können wir zu unserer Entscheidung stehen, den Schmerz des Kindes aber auch ernstnehmen, ihn sein lassen und das Kind in diesem Schmerz trösten. Es liegt viel mehr Trost in dieser Ehrlichkeit und Nüchternheit als in jedem Versuch, den Schmerz zu umgehen – ob barsch oder mit netten Worten.

Alles andere führt nur zu dem, was aus buddhistischer Sicht *hinzukommendes oder adventives Leiden* ist,[47] oder, wie Eckhart Tolle und andere Weisheitslehrer es beschreiben: „Geschichten", die unser Geist erfindet (Aus der Sicht des Kindes könnte das zum Beispiel sein: Ich bin schuld, ich bin nicht richtig, ich mache etwas falsch, mache Theater). All das unnötige Leiden also, das wir selbst erschaffen. *Zusätzlich* erschaffen zum Schmerz, der ohne unser Zutun von außen auf uns zukommt (Aus der Sicht des Kindes: Meine Mama geht jetzt und ich brauche sie bei mir).

Unsere Aufgabe im Kindergarten ist es, für Sicherheit und Geborgenheit zu sorgen sowie eine entspannte Umgebung für Kinder zu schaffen. Nur so können sie spielen und lernen. Es ist wichtig, dass wir als Betreuungspersonen nah dran sind an den Aktivitäten der Kinder, andererseits aber auch nicht auf

47 Jon Kabat-Zinn: *Achtsamkeit für Anfänger.* A.a.O., S.106.

ihnen kleben. So können sie ihre eigenen Spiele und Aktivitäten entwickeln und auch ihr soziales Lernen in die Hand nehmen. Auch wenn wir noch so aufpassen, wird manchmal ein kleiner oder (selten) größerer Unfall passieren. In unserem Kindergarten ist es die Aufgabe der Betreuungspersonen – in Zusammenarbeit mit den Eltern –, für eine sichere Umgebung zu sorgen. Wir als Erwachsene sind für die Kinder darüber hinaus wichtigster Garant emotionaler Sicherheit, wichtigster Faktor in der sogenannten vorbereiteten Umgebung, aber – um es mit Rebeca Wild zu sagen – auch größte „aktive Gefahr", indem wir vielen Entwicklungen der Kinder im Weg stehen und uns viel zu sehr inhaltlich einmischen können. Selbst bei Angeboten wie Bewegungsspielen kommt es manchmal zu Unfällen, wenn wir als Erwachsene selbst (zu lange) zu aktiv sind, anstatt auch hier immer wieder den Weg in den Hintergrund anzutreten und die Kinder ihre eigenen Spiele entwickeln zu lassen. Auch wenn wir uns noch so um eine entspannte Umgebung bemühen, wird es Meinungsverschiedenheiten, Missverständnisse und Streit zwischen den Kindern geben, die in emotionalem oder auch physischem Schmerz enden. Sobald wir spüren, dass Konflikte entstehen, die nicht selbst aufgelöst werden können, oder die Stimmung zu kippen droht, ist es unsere Aufgabe als Betreuungspersonen, in die Nähe zu gehen. Manchmal kommen wir aber auch zu spät und müssen weinende Kinder trösten.

Schmerz und Leid gehören zum Leben. Das Warum und der Sinn des Leidens ist, wie schon erwähnt, eine der großen Fragen vieler Religionen und spiritueller Traditionen. Auch Buddhas spirituelle Suche und der Weg bis hin zu seiner Erleuchtung begann mit der Konfrontation des verwöhnten Prinzen mit dem Leid der Kranken, Armen und Alten. Seine ganze Lehre, der *Dharma,* dreht sich um die Frage des Leidens und unserer Befreiung von dem, was wir selbst hinzufügen und an Leid schaffen.

Oberstes Ziel im Leben und Arbeiten mit Kindern kann nicht sein, dass ein Kind so schnell wie möglich zu weinen aufhört. Wir können davon ausgehen, dass Weinen wie Lachen viel Spannung lösen kann und deswegen nicht blockiert werden darf. Rebeca Wild schreibt, dass „Lachen und Weinen die Schlüssel der Natur sind, die alte Blockierungen lösen und die mit ihnen verbundenen Energien freimachen können".[48] Immer wieder sind es wir Erwachsenen, die es nicht aushalten, wenn ein Kind länger weint. Wenn es uns gelingt, dem Kind Halt zu geben, auch wenn es weint, dürfen wir dem Kind die Gelegenheit geben, sich wirklich auszuweinen, was manchmal bedeutet, wie Rebeca Wild es nennt, „Schmerzbrunnen" zu leeren.[49] Das heißt, das Kind weint angesammelten Schmerz aus anderen Situationen heraus, in denen das Kind Schmerz verdrängt hat oder ihn nicht zeigen konnte bzw. durfte. Dabei können wir dem Kind helfen, indem wir empathisch, aber ohne zu dramatisieren, die Situation beschreiben, was wir gesehen haben, was wir mit-empfinden. Manchmal bekommen wir auch Antworten auf vorsichtige und nicht zu drängende oder insistierende Fragen. Wir sollten jedenfalls einerseits vermeiden, das Kind zu beschwichtigen („Ist ja nichts passiert", „Ist schon wieder gut", „Hat ja gar nicht weh getan") oder es von seinem Schmerz abzulenken („Schau mal, was die anderen Kinder machen" etc.) und andererseits aber eben auch nicht zu sehr dramatisieren. Wir können dem Kind auch keinen Halt bieten, wenn wir in seinen Schmerz mit hineinfallen oder uns womöglich noch gegen irgendwelche vermeintlich Schuldigen verbünden. Das Kind findet Trost, wenn wir ihm beistehen, Halt geben, und ihm zeigen, dass wir es verstehen. Nur wenn wir uns gesehen, *gefühlt* fühlen, erfahren wir uns gut begleitet, gehalten und getrös-

48 Rebeca Wild: *Erziehung zum Sein.* Freiamt: Arbor Verlag, 8., überarbeitete Auflage 1996, S. 82.

49 Ebd. 76 erklärt sie den Begriff. Auf den Seiten 82–83 beschreibt sie ein recht drastisches aber eindrückliches Beispiel ihres eigenen Sohnes Rafael.

tet. Hier zeigt sich die Übung der Achtsamkeit als wichtigstes Grundwerkzeug, indem wir lernen zu sehen, was hier und jetzt ist, ohne es zu beurteilen. Wir können – mit dem Kind! – lernen, nichts zu beschönigen, der Wahrheit ins Auge zu sehen, das Kind nicht zu manipulieren und mit ihm schwierige Situationen durchzustehen, und wir können damit nebenbei auch die Widerstandskraft (Resilienz) stärken.

Übung

Es gibt schwierige Situationen, die sich öfters wiederholen. Gerade im Leben und Arbeiten mit Kindern. Wenn du so etwas bei dir kennst, dann kannst du das nächste Mal, wenn sich eine Wiederholung anbahnt, von vornherein versuchen, mit etwas Gelassenheit an die Situation heranzugehen.

In dem Bewusstsein, dass es zwar wieder schwierig werden könnte, aber auch in dem Anliegen, dich diesmal nicht überrollen zu lassen. Mit dem lebendigen Interesse, selbst dabei etwas Neues zu entdecken.

Anstatt also angespannt mit dem bekannten „Theater" oder Ungemach zu rechnen, versuchst du einfach interessiert zu bleiben, was diesmal geschieht, und offen für einen anderen Ausgang. Du kannst versuchen, die Situation, das Kind und dich selbst wie von einer höheren Warte aus zu beobachten. Solltest du wieder „in die Falle gehen" und das übliche Muster abspulen, das du eigentlich überwinden willst, kannst du sogar noch mitten drin versuchen, den „Film anzuhalten" und quasi „zurückzuspulen", um das Ganze wie bei einem Rollenspiel nochmal anders zu versuchen.[50]

---

50 Vgl. Naomi Aldort: *Von der Erziehung zur Einfühlung.* Freiamt: Arbor-Verlag, 2. Aufl. 2009, S. 38.

11

Nicht erziehen

Vielleicht haben Sie das auch schon erlebt, dass es sich in einem Gespräch mit jemandem so anfühlt, als wolle man Sie „erziehen". Manchmal tun sich Eltern auch dann noch schwer, ihre Kinder als ebenbürtig anzuerkennen, wenn diese schon lange erwachsen sind. Aber genau das ist es, was passiert, wenn wir merken, es will uns jemand „erziehen": Wir fühlen uns nicht ernst genommen, werden quasi von oben herab behandelt. Es will uns jemand sagen, wie es „wirklich" ist oder was wir zu tun oder lassen hätten.

Erstaunlicherweise ist das Erziehen der Kinder seitens der Eltern oder „ErzieherInnen" im Kindergarten immer noch salonfähig oder gar der klare Auftrag. Ich bin mir ganz sicher, dass wir als Eltern wie PädagogInnen im Kindergarten eine wichtige Aufgabe und Verantwortung haben. Romano Guardini hat einmal darauf hingewiesen, dass das erste Erziehende das Sein ist, das zweite unser Tun und das dritte sind erst unsere Worte.[51] Und

---

51 Zitiert in: Rebeca Wild: *Sein zum Erziehen.* Freiamt: Arbor-Verlag, 5. Aufl. 1995, S. 1.

auch Karl Valentin hat sinngemäß gesagt, wir könnten unsere Kinder erziehen so viel wir wollen, sie würden uns doch nur alles nachmachen. Der Begriff „Erziehen" ließ immer das Bild vor meinem Auge entstehen, dass ein Großer einen Kleinen belehrt, womöglich noch mit erhobenem Zeigefinger. Oder es schien untrennbar mit der Vorstellung, dass wir unsere Kinder zu etwas erziehen, ihnen also was beibringen wollen, sei es ein Verhalten, eine Lektion oder Umgangsform. Und in all dem hat es damit für mich den Beigeschmack von Besserwisserei, Moralpredigt, ja letztlich Dressur und Manipulation.

Sowohl als Vater mit meinen Kindern als auch im Kindergarten habe ich lernen können, dass meine Aufgabe, meine Verantwortung und selbst mein Recht, die Führung zu behalten, nicht bedeuten muss, mich über die Kinder zu stellen. Jesper Juuls Begriff der „Gleichwürdigkeit", Rebeca Wilds Ansatz der Nicht-Direktivität sowie Montessoris tiefes Verständnis der großen Würde jedes Kindes haben mir geholfen, meine Aufgabe nicht im Erziehen und Beibringen zu sehen, ja getrost darauf verzichten zu können. Unsere Kinder lernen trotzdem oder erst recht alles, was sie brauchen, um sich in Gemeinschaft und Gesellschaft zurechtzufinden. Alles ist schon in ihnen da und entfaltet sich im Austausch und in der Auseinandersetzung mit ihrer Umwelt. Es ist unsere bedingungslose Liebe und die Geborgenheit, die wir beisteuern können und müssen, um ihnen die nötige Sicherheit und den Nährboden zu geben, sich zu den wunderbaren Menschen zu entfalten zu können, die sie immer schon sind. Je kleiner sie noch sind, desto wichtiger sind wir Erwachsenen. Und zur Geborgenheit gehört auch, unsere Verantwortung zu übernehmen und einen klaren, wenn auch immer wieder veränderbaren, Rahmen zu schaffen. Aber erziehen müssen wir sie deswegen nicht. Es genügt, mit ihnen authentisch zusammenzuleben und selbst mit ihnen weiterzu*wachsen.* Das ist der große Unterschied zur Einbahnstraße, die der Begriff „Erziehung" suggeriert. Die

Praxis der Achtsamkeit braucht den Anfängergeist, die Offenheit und Lernbereitschaft. Hier können wir bei Kindern in die Lehre gehen, etwa wenn wir sie in *ihrer* Gegenwärtigkeit, *ihrem* Forschen, *ihrer* Neugierde und *ihrem* vertieften Arbeiten beobachten.

Im Folgenden möchte ich anhand von drei Beispielen zeigen, wie wir als Erwachsene zwar Verantwortung für Kinder übernehmen und sie (manchmal staunend) begleiten, sie dabei aber gleichzeitig ernst nehmen können. Kurz: Wie wir ihre Würde und Größe entdecken, und ihre Integrität wahren können. Wenn uns das passiert bzw. gelingt, werden wir auf die sogenannte „Erziehung" verzichten.

Turmbauen[52]

Die Pikler-Pädagogin, Barbara Dewald, beschreibt in einem Aufsatz folgende Szene:

Montagvormittag im Spielraum: Vier Kinder zwischen zweieinhalb und drei Jahren sind mit ihren Müttern im Spielraum. Die Mutter von David sitzt gemütlich angelehnt auf einem Polster am Boden und David liegt in Bauchlage neben ihr. Seine Augen fixieren auf der gegenüberliegenden Seite einen Steckturm aus Holz. Der Steckturm ist offen angeboten, das heißt der Ständer steht alleine und die dazugehörigen Holzsteckteile liegen im Kreis rundherum. Plötzlich steht er auf und läuft zielstrebig auf den Steckturm zu. Er nimmt den Ständer und stellt ihn neben seine Mutter. Aus einem inneren Plan heraus gesteuert wendet er, läuft wieder los, holt sich einen Steckklotz und baut ihn auf den Ständer. Gleich darauf holt David

52 Barbara Dewald: „Kinder sind keine Egoisten". In: *abacus. Die Zeitung der Bildungswerkstatt Knittlingerhof,* Heft 34, Ausgabe Sommer 2015, S. 32.

sich einen zweiten Steckklotz. Dieses Spiel wiederholt er siebenmal. [...] Er will gerade wieder loslaufen, um den achten Teil zu holen, da kommt Lukas dazu und nimmt die letzten drei Bauklötze, die David noch fehlen, weg. Lukas bringt sie schnell zu seiner Mama, um sie dort in Sicherheit zu wissen. Davids Bewegungen und seine Freude am Spiel erstarren, er wirkt verunsichert. Seine Augen blicken hilfesuchend umher. Im Raum herrscht Stille. Beide Kinder warten ab, was nun kommt.

Ich sehe David an und David sieht mich an. Sein Blick wirkt fragend. „Brauchst du die Klötze noch?“, frage ich ihn. Er nickt und sein Blick und Körper lösen sich aus der Starre. „Sollen wir das gemeinsam Lukas sagen?“ frag ich ihn. Ich setze mich in die Nähe von Lukas, der abwartend am Schoß seiner Mama sitzt. David kommt dazu und verfolgt das Geschehen. „David braucht die Klötze noch, er ist noch nicht fertig. Ich weiß, du möchtest sie auch haben, aber David ist noch nicht fertig“, sage ich zu Lukas. Lukas antwortet: „De brauch i.“ David ist ganz ruhig neben mir und beobachtet genau, was ich mache und lauscht meinen Worten. Lukas ist angespannt und damit beschäftigt, die Steckklötze im Schoß seiner Mutter festzuhalten. „Du hältst sie ganz fest in der Hand bei deiner Mama. [...] Wenn du fertig bist mit dem Halten, dann braucht sie David noch“, füge ich hinzu.

In diesem Moment weicht die Spannung aus dem Konflikt. Ich wende meinen Blick ab und die ganze Aufmerksamkeit geht zur Gruppe über. David ist währenddessen zu seiner Mama gewechselt. An seinem Gesichtsausdruck kann man sehen, dass dieser ganze Prozess in seinem Kopf arbeitet. Es dauert keine fünf Sekunden, bis Lukas aufsteht und die drei Steckklötze zu David bringt. Davids Gesicht ist mit Zufriedenheit erfüllt, da er nun den Turm zusammenbauen kann. Ich richte mich nochmals an Lukas und frage ihn, ob er auch den Turm einmal bauen möchte. Er nickt zustimmend. Mehr Worte braucht es nicht mehr und David bringt den Turm zu Lukas. Beide Kinder sind zufrieden und ein Hauch von „Gerührtheit“ von dieser großen Kooperation macht sich im Raum bemerkbar.

Barbara Dewald sieht als entscheidenden Faktor dieser Begleitung die Haltung des Erwachsenen, bei der „das positive Bild vom Kind stets gewahrt bleibt".[53]

Aus meiner Sicht können wir auf den Begriff „Erziehung" ganz verzichten, wenn wir um unsere Aufgabe und Verantwortung als Erwachsene wissen. Entscheidend ist aber tatsächlich, dass wir um die Würde der Kinder wissen. Dafür müssen wir die alten Bilder von Kindern als unfertige Wesen ablegen, nach denen wir ihnen Gemeinsinn, oder gar Anstand und Moral beibringen müssten. Es braucht uns, aber anders als frühere Elterngenerationen vielleicht meinten. Kinder sind immer wieder erstaunlich kooperativ, wenn wir sie nicht unter Druck setzen und ihnen Kooperation auch zutrauen. Aber selbst wenn die Geschichten nicht zu einem Happy-End führen, „scheitert" unser Bemühen und unsere Aufgabe nicht: „Es ist wichtig, dass aus dem Freiraum zu kooperieren keine unausgesprochene Erwartungshaltung wird. Meist haben wir schon eine Vorstellung, wie das Kind handeln soll. Der Freiraum, ob vom Kind ein Ja oder ein Nein kommt, muss aber gewährleistet sein. In meinem Beispiel aus dem Spielraum wäre es auch möglich gewesen, dass Lukas nicht bereit gewesen wäre, die Bauklötze herzugeben. Diese Lösung wäre auch eine Option gewesen und die dabei entstehende kleine Frustration hätte jeder Beteiligte sicherlich verarbeitet."[54]

Heftl

Anna, damals viereinhalb, ist verzweifelt, weil ihre Mama für Besorgungen wegfahren muss. Sie muss bei mir bleiben. Ich selbst bin ziemlich gerädert vom anstrengenden Vormittag im Kindergarten

53 Barbara Dewald ebd.

54 Barbara Dewald ebd.

und denke mir: „Nein, jetzt bitte nicht auch noch eine ‚Szene'! Ich hab dafür keine Kraft mehr!" Meine Frau geht aus der Tür, Anna schreit, weint und ist wütend. Ich bin nahe dran, selbst wütend zu werden und irgendeinen blöden Spruch loszulassen, gehe aber dann hinter ihr in die Hocke und biete mich an. Ich bin sehr erleichtert, dass sie sich von mir trösten lässt. Ich weiß: Wenn nicht, hätte ich vielleicht selbst losgezetert. So nehme ich sie dankbar auf den Schoß und lasse sie weinen.

Doch plötzlich redet sie davon, dass sie ein „Heftl" kaufen gehen will. Der Pädagoge in mir meldet sich prompt und in mir steigen alle möglichen Einwände auf, vor allem: „Gerade jetzt... nein, das ist nur, weil sie traurig ist... das ist ja quasi ein Ersatzbedürfnis, das sich da jetzt einstellt, und außerdem: Das ist ja Erpressung!"

Glücklicherweise habe ich gelernt nicht mehr sofort zu reagieren, weder auf ihren Wunsch, noch auf meine Gedanken und spontanen Gefühle. Ich lasse ihr und uns ein wenig Zeit. Sie bleibt bei ihrem Wunsch. Und in mir streiten der Pädagoge und der Vater: „Jetzt kannst du doch nicht einfach nachgeben, kannst dich doch nicht erpressen lassen! Du wirst sehen, das wird jetzt jedes Mal so sein! Jetzt wirst du doch nicht wieder eines dieser albernen und sündteuren Hefte kaufen!"

Und mein Herz sagt: „Ach, lass sie doch! Wir alle haben unsere ‚Heftln': Jonas, unser Ältester, und wir auch. Warum soll sie kein Heftl haben?"

Und erstaunlicherweise setzt sich tatsächlich der unpädagogische Vater durch. Wir ziehen uns an, gehen gemütlich Hand in Hand zum Laden, Anna ist gelöst und glücklich. Und ich bin es auch. Alle „pädagogischen" Zweifel sind verflogen. Mein Herz hat Ja zu ihrem Wunsch gesagt. Das hat sie verstanden. Weder hatte ich am Ende das Gefühl, erpresst worden zu sein, noch hat sie das später je „ausgenützt".

Diese Erfahrung hat mir einen gern beschriebenen Paradigmenwechsel aufgezeigt: Achtsamkeit führt *von der Erziehung zur Beziehung.* Wichtig ist, was jetzt gerade vor sich geht und was mein Herz dazu sagt. Dann muss ich nicht mehr erziehen. Dann lasse ich mir nicht mehr alles vom Kopf einreden und handle nicht mehr automatisch. Es gibt nichts, wozu wir unsere Kinder eigentlich erziehen müssten. Im Licht ihrer Würde und inneren Größe kann es nur darum gehen, mit ihnen authentisch zu leben. Sie werden von dem lernen, was wir tun und sind. Nicht von dem, was wir predigen oder ihnen beizubringen versuchen. Das gilt für alles, was uns wichtig ist, an sie weiterzugeben, sogar für unser spirituelles Leben. Für unsere Haltung zum Leben, für Moral und die heute oft so strapazierten „Werte".

Bagger

Ich sitze mit Jonas (vier Jahre), meinem ersten Kind, in der Sandkiste eines öffentlichen Spielplatzes. Er hat einen eigenen Bagger mit, benützt ihn aber gerade nicht. Andere Kinder gesellen sich zu uns, fangen auch an zu spielen und es dauert nicht lange, bis eines der Kinder sich des verwaisten Baggers annimmt. Jonas protestiert. Es sei sein Bagger. Der neue Besitzer hält kurz inne. Ich ringe mit einer Reaktion. Ich sage: „Aber du brauchst ihn doch gerade sowieso nicht. Da kann er ihn sich doch ein wenig ausleihen, oder?" Jonas lässt sich nicht darauf ein. Ich zögere, ob ich ihn dazu anhalten soll, seine Sachen herzuleihen, besonders, wenn er sie jetzt nicht einmal selbst benützt. Aber ich kann noch etwas warten und sage zunächst nichts. Der fremde Besitzer stellt den Bagger zurück. Jonas sitzt nach wie vor in meinem Schoß und tut gar nichts. Nur Minuten später sagt er: „Jetzt kann er ihn haben."

Es war für mich eine Schlüsselerfahrung angesichts der immer wieder zu beobachtenden „Erziehung zum Teilen". Ich konnte nach dieser Erfahrung darauf verzichten. Und es hat sich in meiner Arbeit mit Kindern immer wieder gezeigt: Wenn die Integrität eines Kindes gewahrt bleibt und bei ihnen nicht anders verfahren wird als bei uns Erwachsenen (ich lass mir ja auch nicht einfach ohne zu fragen meinen Computer oder mein Auto nehmen, nur weil ich es gerade nicht brauche), kann ein Kind von innen heraus etwas von sich hergeben. Und erstaunlich sozial, fürsorglich oder, wenn wir so wollen, ethisch handeln. Und auch das haben wir im Kindergarten immer wieder erlebt: Wenn in einem Konflikt ein Kind zuerst ganz und gar nicht gewillt ist einzulenken, nachzugeben oder zu teilen, liegt es oft einfach nur am „Ton" des anderen: Wenn – mitunter auch mit unserer Hilfe als Erwachsene – es das Kind noch einmal mit einer freundlichen Frage versuchte, geht es plötzlich ganz leicht. Nicht immer natürlich. Aber manchmal. Und dann ist das eine beglückende Erfahrung für beide Kinder.

Erziehen – ein bekanntes afrikanisches Sprichwort sagt: „Das Gras wächst nicht schneller, wenn man daran zieht". Aber genau das tun wir bei Kindern, wenn wir ihnen was beibringen wollen, wofür sie noch gar nicht bereit sind.

Im Lateinischen heißt es *e-ducare* (und im Englischen *education*), was wörtlich „herausführen" bedeutet. Da ist mir das „führen" noch lieber als das „ziehen", auch wenn natürlich auch das Führen ein gutes Maß braucht. Letztlich muss die Führung seitens der Erwachsenen immer wieder mit der inneren Führung des Kindes „im Gespräch" bleiben und sich vielleicht überhaupt auf das Umfeld, die Umgebung, den Rahmen beschränken, den wir für das Aufwachsen unserer Kindern schaffen, also auf das Äußere. Das Innere, die Entfaltung des Lebensprozesses, dürfen und können wir letztlich weder ziehen noch führen. Es hat seinen eigenen Weg, seinen „inneren Bauplan", wie Montessori das nannte.

Dies alles braucht uns als PädagogInnen nicht zu beunruhigen. Es kann uns im Gegenteil helfen, uns zu beruhigen, uns zurückzunehmen, loszulassen. Die Einsicht in unsere wirkliche Aufgabe kann uns Demut lehren. So wichtig wir sind, wir haben auch unsere Grenzen. Und sie kann uns helfen Akzeptanz und Geduld zu entwickeln, neben dem Loslassen zwei weitere zentrale

Qualitäten der Achtsamkeit. Sie weist uns den rechten Platz in der Begleitung der Kinder zu: Wir brauchen neben den Kindern auch uns nicht zu stressen, weil jedes Kind das, was es entfalten kann, in seiner Zeit und in seiner Weise entfalten wird. Jedes (Er) ziehen kann dem zarten Pflänzlein mehr schaden als ihm helfen. Unsere Aufgabe liegt darin, uns um das zu kümmern, was die Pflanze zum Wachsen braucht. Der Sonne und dem Regen, dem Wind und dem Wetter nicht im Weg zu stehen, auch wenn wir sie vielleicht manchmal vor Trockenheit oder Überschwemmung, Sturm und Hagel schützen können. Natürlich ist es gut zu wissen, was Kinder generell brauchen. Und wir dürfen erforschen, was jedes Einzelne vielleicht noch im Speziellen braucht. Aber wachsen und sich entfalten kann es nur selbst. Geduldig tun wir die Arbeit des Gärtners und überlassen das Ergebnis dem Leben. Loslassen beschreibt Jon Kabat-Zinn als „Seinlassen".

„Wenn wir absichtsvoll eine Haltung entwickeln, in der wir die Dinge so sein lassen, wie sie sind, zeigt das, dass wir größer und weiter sind als die Stimme, die ständig sagt: ‚Das darf nicht sein', oder ‚Es sollte *so* sein'."[55]

Das gilt in gleicher Weise für unsere eigenen inneren Prozesse wie für die inneren Prozesse der Kinder, die uns anvertraut sind.

Übung

Nimm dir ein paar Minuten Zeit und mache dir bewusst, wie du es mit dem Begriff „Erziehung" hältst. Erforsche, wann du ihn verwendest und was er für dich bedeutet. Worin siehst du deine Aufgabe als Vater oder Mutter? Was hast du von deinen eigenen Eltern übernommen, vielleicht ohne dich bewusst dafür zu entscheiden?

---

55 Jon Kabat-Zinn: *Achtsamkeit für Anfänger.* A.a.O., S. 146. Hervorhebung durch Jon Kabat-Zinn.

Was möchtest du von deiner Erziehung fortsetzen, was möchtest du anders machen als deine eigenen Eltern?

Jeder Besuch bei den Großeltern kann in diesem Zusammenhang eine besonders lohnende Achtsamkeitsübung sein. Achte einmal speziell darauf, wie du dich selbst wieder in der Rolle des Kindes deiner Eltern wiederfindest. Gerade wenn unser Kind noch klein ist, und wir manches offensichtlich anders machen als noch unsere Eltern mit uns, werden wir bemerken, wie sehr das unsere Eltern verunsichern oder herausfordern kann. Ja, manchmal nehmen sie es sehr persönlich und fühlen sich richtiggehend angegriffen, ohne dass wir ein Wort über unsere Erfahrung als Kind oder die Ablehnung ihrer damaligen Erziehungsmethoden sagen würden. Das kann wiederum für uns sehr herausfordernd sein. Dann geht es um die Kunst, die Kritik der eigenen Eltern selbst nicht persönlich zu nehmen, dahinter ihre Sorge um das Kind zu sehen, sich selbst aber nicht zu sehr verunsichern zu lassen. Wenn es uns gelingt, unseren eigenen Eltern zu vermitteln, dass sie damals ihr Bestes gegeben haben und wir heute unser Bestes geben, und gleichzeitig ihre Vorwürfe nicht persönlich zu nehmen, können wir ihnen bei Interesse vielleicht erklären, warum wir etwas anders machen und welche Erfahrungen wir damit machen. Meist aber braucht es einfach Zeit, damit sie sehen können, dass unser Kind deswegen nicht zum Tyrann wird oder unsere Erziehung oder unser Kind anderweitig missrät. Schwerer ist es, darüber offen zu reden – gerade, wenn wir selbst noch am Anfang unserer Reise mit unseren Kindern stehen und damit unsicher sind. Aber es ist eine wunderbare Gelegenheit, uns all der Gedanken und Emotionen bewusst zu werden, die in solchen Begegnungen, Gesprächen oder Vorwürfen auftauchen.

So emanzipiert und unserem Elternhaus entwachsen wir uns manchmal wähnen, in der Erziehung unserer Kinder finden wir noch ein weites Feld, wirklich selbstständig und erwachsen zu werden, was auch bedeutet, unsere Eltern so anzunehmen, wie sie sind, und ihnen auf Augenhöhe zu begegnen.

12

Lieben

Liebe folgt der Achtsamkeit. Diesen Schluss legte in beeindruckender Weise die Arbeit des Emmi-Pikler-Institutes in Budapest nahe, in dem Säuglinge und Kinder in einem Waisenheim aufwachsen durften, das – wie Lienhard Valentin es einmal beschrieb – in seiner hohen Kunst interpersoneller Achtsamkeit einem Zen-Kloster glich, und in dem es – einzigartig in der Welt – gelungen war, den Kindern ein Maß an Liebe zu schenken, das ihnen erlaubte, sich trotz ihrer schwierigen Vorgeschichte gesund zu entwickeln. Auf Lienhard Valentins Frage an Anna Tardos, die Tochter der großen Kinderärztin Emmi Pikler (und später Leiterin des Institutes), wie sie es denn schafften, dass die dortigen Betreuungspersonen so liebevoll mit den ihnen anvertrauten Kindern umgehen würden, meinte diese sinngemäß: Liebe lässt sich natürlich nicht anordnen oder beibringen oder ausbilden. Aber die Schulung höchster Präsenz und Achtsamkeit im Eingehen auf die kleinsten Impulse dieser kleinen Kinder führt vielleicht von sich aus zu dieser liebevollen Haltung. Im Ursprünglichen Spiel habe ich immer wieder erlebt, wie sich eine ähnliche Dynamik entwickelt. Auch hier „üben" wir natürlich nicht „lieben", aber wir kultivieren eine Offenheit und einen achtsamen Dialog mit den Impulsen und Signalen der Kinder.

The courage to love back

Letzter Tag unseres Vertiefungsseminares im Original Play (Ursprüngliches Spiel). Jolanta Graczykowska und Fred Donaldson hatten wieder apprentices – Lehrlinge im Ursprünglichen Spiel – eingeladen in Kindergärten, Schulen und anderen Einrichtungen mit Kindern zu spielen, um neue Erfahrungen zu sammeln und gemeinsam darüber zu reflektieren. Heute dürfen wir acht TeilnehmerInnen in einem polnischen Waisenhaus in Warschau mit den Kindern spielen. Wir bereiten uns in einem winzigen Zimmer darauf vor, sprechen noch über Freds Notizen zu den vergangenen Spieleinheiten im Sonderkindergarten zuvor, um dann mit unserer halben Mann- und Frauschaft die erste halbe Stunde zusammen mit Jola zu bestreiten. Als wir die Treppe hinaufsteigen, bin ich nervös wie ein Fußballer, der aus den Katakomben hinaus ins Stadion steigt. Unser Stadion hier ist ein großer Aufenthaltsraum mit wenig Spielzeug. Die meisten Kinder sitzen an kleinen Tischen, wir gehen an ihnen vorbei, nehmen drei dünne Matratzen aus den kleinen Betten, um in einem Nebenzimmer einen kleinen Platz zu richten. So richtig spielen lässt sich auf diesen Matratzen nicht, sie dienen mehr als Begrenzung, Jola meinte vorher, wir müssten hier hauptsächlich uns selbst als Spielplatz verstehen und die Kinder mehr auf uns landen lassen als auf der notdürftigen Unterlage. Als dann schüchtern, aber doch, drei kleine Kinder zu uns stoßen, beginne ich mein Spiel um die Ecke des offenen Durchganges und lasse nur meine Finger um den Mauervorsprung trippeln, um zu sehen, ob sie darauf einsteigen möchten. So müssen sie den fremden Mann mit Bart noch nicht anschauen, ich bin einstweilen nur mit meinen Fingern zu sehen. Mateusz (5) und Kinga (6) haben Spaß daran, meine Finger zu „fangen" und eine erste Berührung gelingt. Von hier aus beginnt das Miteinander, zwischen Kinga und mir bleibt es aber in der Folge vorerst beim Augenkontakt. Irgendetwas zwischen uns zieht uns wie magisch an, lässt sie aber auch Abstand halten. Erst als wir zurück in den Aufenthaltsraum gehen, in dem wir für den Rest der Zeit bleiben sollten, während unsere KollegInnen die nächsten Kinder im Nebenzimmer empfangen würden, ist plötzlich alles ganz anders: Ich setze mich auf den Boden, um den Kindern einfach zuzusehen, als Mateusz, der mit anderen Kindern bereits ein Rollenspiel begonnen hatte, mich erblickt und wie von der Tarantel gestochen seine Kollegin ruft, die sich schon am anderen Ende des Raumes tummelte. Kinga kommt wie auf Kommando auf mich zugerannt und pflanzt sich auf meinen Schoß, als ob sie genau dort hin gehörte. Als Jola mit den neuen Kindern zum Spielen geht, uns dort sitzen sieht und Kinga ihr wohl zu verstehen gibt, dass sie noch weiterspielen möchte, lädt sie uns beide ein auch in der zweiten Einheit dabei zu sein. Kinga weicht kaum noch von mir, und diese zweite halbe Stunde wird ein Fest der Begegnung, Berührung und Liebe – nicht nur für uns, sondern auch für alle anderen. Auch Kingas ganz kleine Kolleginnen öffnen sich für uns alle in einer Vertrautheit, als ob wir schon lange zum Inventar dieses Hauses gehören würden. Die Kleinste drückt ihre Puppe samt Decke, Nuckel-Flasche und anderem Zubehör Fred in die Arme, der nebenbei am Sofa lehnt, um unser Spiel zu beobachten. Sie klettert auf das Sofa, um dort in aller Seelenruhe neben Fred ihrem Baby die Flasche zu geben…

Einen Tag später kommt mir das alles wie ein Traum vor. Ich sitze noch im Zug, der mich zurück nach Innsbruck bringt und bräuchte dringend die Arme meiner Frau, um mir endlich die Tränen aus den Augen zu weinen, die sich dort wie in einem Stausee gesammelt haben…

Als ich Kinga zurücktrug, winkte sie Jola uns zu folgen, um ihr zu sagen: „Ich glaube, Steve mag mich ein wenig.“ Jola übersetzt es mir. Oh mein Gott, denke ich. Ein bisschen? Ich würde sie am liebsten mit nach Hause nehmen.

Berührung ist der körperlich und emotional spürbare Ausdruck einer ursprünglichen Verbundenheit und Einheit, die wir einst verlassen mussten, um sie auf allen möglichen Wegen wieder zu finden. Darin sind sich die *Liebe,* das *Ursprüngliche Spiel* und die *Achtsamkeitspraxis* (wie jede spirituelle Übung) einig: Die Fragmentierung und Getrenntheit zu überwinden und zurückzufinden zu einer Geborgenheit und Verbundenheit. Fred nennt es „the practise of belonging",[56] die Übung, (zu)einander zu gehören. Aus neurobiologischer Sicht geht es in der Achtsamkeitspraxis darum, unsere Bedrohungsszenarien anzuschauen und den quasi mechanischen Vorrang der alten Gehirnsysteme nach und nach zu bremsen und die neueren Möglichkeiten des Neokortex zu stärken. Nur so können wir verlernen, auf Stress und jegliche bedrohliche Erfahrung automatisch mit Kampf, Flucht oder Erstarren bzw. Totstellen zu reagieren und aus dem Paradigma der Angst ins Paradigma der Liebe wechseln. Auch hier treffen sich die Erfahrungen im Ursprünglichen Spiel mit denen der Achtsamkeitspraxis.

Für Kinder, die wie „übrig geblieben" sind, weil sie keine Familie mehr haben oder dort nicht in Sicherheit leben konnten, ist es überlebensnotwendig, Menschen zu finden, die sich trauen, ihnen achtsam nahe zu kommen. Wenn ein kleines Mädchen wie die sechsjährige Kinga oder sogar die zwei- und dreijährigen Kleinkinder des Waisenheimes nach ein paar Begegnungen im Ursprünglichen Spiel aus ihrer Traurigkeit und Einsamkeit erwachen und nach wenigen Monaten uns völlig fremden Erwachsenen in dieser unglaublichen Offenheit und Zuneigung begegnen können, muss hier der Zugang zu einem Vertrauen, einer Kraft und Liebe gebahnt sein, die alle schmerzlichen Erfahrungen der Kinder zu überspringen vermögen.

---

56 So der Untertitel seines Buches im Englischen Original: *Playing By Heart: The Vision And Practise of Belonging.* Ohne Ort: B-A-R Digital/SHUMANI printers, 4. Aufl. 1993.

Fred Donaldson betonte, dass es eines der für ihn erstaunlichsten Muster im Spiel ist, dass genau die Kinder und Jugendlichen mit der größten Last vergangener Erfahrungen sich am meisten öffnen und die größte Liebe zu geben haben, wenn sie die Geborgenheit und den Schutzraum (Fred nennt es *sanctuary*) des Spiels erfahren: Straßenkinder, Flüchtlingskinder, Bandenjugendliche, Waisenkinder … Fred war selbst mehrmals im Libanon, um dort mit syrischen Flüchtlingskindern zu spielen und fand auch dort wieder bestätigt, dass gerade die, die Krieg, Gewalt und Entbehrung erfahren haben und ohne Perspektive dort in den Lagern ausharren, ihm im Spiel voller Freundlichkeit und Liebe begegneten. In gewisser Weise halfen die Kinder in all diesen Warschauer Einrichtungen uns sogar, unsere Ängste zu überwinden und der Kraft der Liebe zu vertrauen. Denn oft genug haben wir ja mehr Angst vor den „besonderen" Kindern als sie vor uns. Und manchmal fürchten wir uns sogar vor der Liebe, deswegen spricht Fred von „courage to love back".

Das Leben ist, wie es ist. Jeder Moment stellt uns vor die Entscheidung, ob wir uns ihm stellen oder nicht. Ob wir „Widerstand leisten gegen das, was ist" (Eckhart Tolle), oder ob wir uns ihm anvertrauen, ja letztlich hingeben (was nicht heißt aufzugeben oder den Kopf zu verlieren). Ob wir unseren Geschichten im Kopf glauben und uns mitunter in Selbstmitleid ergehen, oder mit einem nüchternen Blick und einem offenen Herzen dem begegnen, was hier und jetzt ist. Es geht nicht darum, eine rosa Brille aufzusetzen oder oberflächlich positives Denken zu propagieren. Aber es geht darum, immer wieder Momente als Chance zu ergreifen, das Muster der Angst und der Bedrohung loszulassen und der größeren Kraft der Hingabe und Liebe zu folgen. „Life is not so much about what you gain, but what you are willing to give up", resümiert Fred ein anderes Mal: „Im Leben geht es nicht so sehr um das, was wir gewinnen und verdienen, sondern was wir bereit sind aufzugeben." Nicht Geld, nicht Einfluss, nicht Kontrolle gilt es zu gewinnen, auch nicht im pädagogischen Kontext. Loslassen und Einlassen auf jeden neuen Moment und auf jede neue Begegnung. Professionelle Hilfe finden wir dabei bei den Kindern.

Handwerk

Liebe ist Handwerk. Da ist meine Tochter (damals vier Jahre) einmal so richtig außer sich. Alle Aufmerksamkeit ist gefragt, damit mir der Boden der Liebe nicht unter den Füßen schwindet. Sie schlägt und tritt nach mir. Wenn mir wie in dieser Situation die Liebe zu meiner Tochter erhalten bleibt, ist es mir möglich in Kontakt zu bleiben, von Herz zu Herz. Ich sehe ihre Verzweiflung angesichts ihrer Ohnmacht gegenüber mir Erwachsenem, der eine Entscheidung gegen ihren Willen getroffen hatte. Wenn ich die Liebe durchhalten kann, muss ich nicht auf ihren Kampf einsteigen, muss weder Gegengewalt anwenden noch mich zum Opfer machen. Dann muss ich nicht *erziehen.* Schon gar nicht *jetzt.* Meine Tochter weiß, dass sie nicht schlagen soll – selbst wenn ich es noch keine 100 Mal gesagt habe. Sie lernt es durch mein Unterlassen, nicht durch meine Predigt. Aber jetzt ist sie außer sich und ich bin gefordert, mich nicht anstecken zu lassen. Dann trägt mich die Liebe durch die Krise, bis mein Kind zum lösenden Weinen findet. Aber das ist hohe Handwerkskunst. Und manchmal bin ich wie ein Lehrling im ersten Ausbildungsjahr. Dann ist es besser, mir den Besen in die Hand zu drücken, statt mich an die Edelhölzer heranzulassen.

Manchmal pfuscht mir die Liebe auch ins Handwerk. Da bin ich im Kindergarten gerade mitten in einem Konflikt mit Thomas. Und dann kommt Christiane und möchte was von mir. Ich bin sehr aufgebracht und etwas zu laut: „Christiane, ich kann jetzt nicht, ich muss da noch was mit Thomas klären!" Sie geht weg, kommt plötzlich nochmal zurück, drückt mir einen Kuss auf die Wange und geht wieder. Ist es zu fassen, dass sie mit ihren drei Jahren jede Unfreundlichkeit und Spannung von mir überspringen kann – zur Liebe hin, während ich sogenannter Erwachsener gefangen bleibe, bis dass der Kuss mich Frosch erlöst? So gehe ich mit und manchmal *bei* den Kindern in die Lehre, das Handwerk der Liebe zu lernen.

Liebe als Richtschnur?

Darf ich als Pädagoge die Liebe zur Richtschnur meines pädagogischen Handelns erklären? Meine eigenen Kinder zu lieben ist so selbstverständlich wie es unerhört scheint Kinder zu lieben, die uns als Pädagoge oder Pädagogin anvertraut sind oder uns in unserer pädagogischen Arbeit begegnen. Um so mehr, wenn man von der Bedeutung liebevoller Berührung spricht, wie sie wesentlich im Ursprünglichen Spiel ist.[57] Natürlich gehört dazu eine große Behutsamkeit. Jedoch gehört die Behutsamkeit zum Wesen einer achtsamen und liebevollen Beziehung überhaupt. Die „Arbeit" mit fremden Kindern im pädagogischen Kontext unterscheidet sich gegenüber der Beziehung zu den eigenen nicht darin, dass wir letztere berühren dürfen, erstere aber nicht. Wenn unsere Handlungen klar sind und wir den Kindern – wie anderen Menschen auch – so unvoreingenommen begegnen, wie sie oft auf uns zugehen, erfahren wir, dass eine liebevolle Beziehung auch im pädagogischen Kontext möglich ist. Und es gehört zur Absurdität unserer gesellschaftlichen Realität, dass es für viele zu einer professionellen Pädagogik gehört, zwischen Erwachsenen und Kindern tatsächlich eine künstliche Distanz bis hinein in unsere Kindergärten zu fordern. Und gleichzeitig erleben wir oft, wie achtlos Fremde oder Ver-

57 Fred Donaldson hat im Ursprünglichen Spiel – auch mit wilden Tieren – Berührungsmuster und -phasen entdeckt, etwa dass Berührung in der Regel bei den Händen und Füßen beginnt und erst mit größerer Vertrautheit bis hin zur Berührung des Kopfes führt.

wandte Grenzen überschreiten, wenn sie ihre Köpfe in Kinderwagen stecken, die Kinder tätscheln, ihnen auf den Kopf greifen oder gar ungebeten und ohne Vorwarnung die Nase putzen, wie wir es mit unseren eigenen Kindern nicht tun würden. Manchmal habe ich in solchen Situationen den Impuls, herausfinden zu wollen, wie solche grenzüberschreitenden Erwachsenen reagieren würden, wenn wir uns ihnen selbst so nähern würden. Es kann also nicht darum gehen, dass wir uns als PädagogInnen verbieten oder verbieten lassen Kinder zu berühren. Wir müssen und können vielmehr (wieder) lernen achtsame Beziehungen zu pflegen, adäquate von inadäquater Berührung zu unterscheiden, unsere Ängste abzulegen und unsere Herzen zu öffnen. Dann sehen und hören wir die Signale, die Kinder senden, und können sie deuten und beachten, genauso wie wir lernen können, auf unsere eigenen Signale und persönlichen Grenzen zu achten. Das gilt – wie im Grunde alles, was wir im Zusammenleben mit Kindern lernen können – auch für unsere Beziehungen zu Erwachsenen wie für unser Leben überhaupt.

Was also tun, wenn sich ein Kind wie selbstverständlich auf meinen Schoß setzt, mir den Bart krault oder mir gar einen Kuss auf die Wange drückt? Soll ich es ihm verwehren und eine künstliche, „professionelle" pädagogische Distanz schaffen, wenn das Kind menschliche Nähe sucht? Zumal es von seinen Eltern in dieser Zeit getrennt ist, die mit ihrer selbstverständlichen Liebe dem Kind in diesen ersten Jahren ein grundlegend gesundes und geborgenes Lebensgefühl ermöglichen. Ist es ähnlich zu den Eltern nicht auch unsere erste Aufgabe als PädagogInnen, Kinder ins Leben hineinzubegleiten und ihnen einen Raum zu schaffen, in dem sie sich sicher und geborgen fühlen und so erst frei von Angst entwickeln können? Wie sollten sie verstehen, dass sie nicht meine Nähe suchen dürfen und ich ihre liebevollen Zeichen nicht annehmen darf? Können sie sich geborgen fühlen, wenn wir sie zurückweisen, wenn sie ihr Herz sprechen lassen und sich gleichzeitig äußerst verletzbar machen?

Der buddhistische Weisheitslehrer Jack Kornfield schreibt einmal, unsere Kultur vermittle häufig den Eindruck, „dass wir unsere Instinkte ignorieren, unserer Intuition misstrauen sollten".[58] „Man muss wirklich gegen sich selbst ankämpfen, um einen weinenden Säugling nicht auf den Arm zu nehmen."[59] Wenn wir uns selbst von unseren innersten menschlichen Regungen und Reaktionen abschneiden und Berührung vermeiden, werden wir Missbrauch und Gewalt sicher nicht überwinden. Eher nähren wir die Angst und tragen zu sozialer Kälte, Gewalt und Missbrauch bei.

„Kinder, die nicht genug Halt erfahren haben, als sie klein waren, [...] wachsen mit einem inneren Loch auf und haben kein wirkliches Empfinden dafür, was es bedeutet zu lieben. Sie verfügen über keine echte Fähigkeit, Nähe herzustellen und zuzulassen."[60]

Wenn wir nicht der Angst, sondern der Liebe zum Durchbruch verhelfen wollen, müssen wir selbst Liebe zulassen und nähren. Und gleichzeitig vorleben, wie adäquate und achtsame Berührungen aussehen.

---

58 Gil Fronsdal und Nancy Van House (Hrsg.): *Buddhismus für den Westen.* Freiamt: Arbor Verlag, 2002, S. 138.

59 Ebd., S. 137.

60 Ebd., S. 139.

Übung

Entdecke den Dichter und die Dichterin in dir! Oder male ein Bild, oder komponiere ein Lied, wenn dir vor lauter Glück oder Liebe zu deinem Kind das Herz übergeht. Wie im ersten Teil bereits erwähnt, ist es enorm wichtig, Momente der Freude und des Glücks mit unseren Kindern zu bewahren, damit sie nicht unter dem Haufen von Schwierigkeiten und Dingen, die sich wichtig machen, verschwinden wie der Liebesbrief unter den Werbesendungen und Rechnungen. Ein Gedicht zu schreiben oder ein paar Gedanken zu formulieren, ist eine Möglichkeit unter vielen.

Brunnen[61]

Liebe ist Geschenk.
Da ist Lioba.
Gerade drei Monate sichtbar hier auf Erden.
Obwohl schon unser drittes Kind,
ist die Zeit um ihre Geburt wieder voller Zauber.
Wenn sie jetzt immer deutlicher beginnt, mit mir zu sprechen,
mit Lauten und Blicken voller Zärtlichkeit,
wird das Herz mir weit.
Und es beginnt zu fließen,
was neben den Dichtern zu allen Zeiten heute sogar
Wissenschaftler als die größte Kraft im Universum erkennen.
Wieder frage ich mich:
Warum können wir die Kraft dieser Liebe
und dieses Friedens nicht bewahren?
Augenblick um Augenblick
werden auf dieser Erde Kinder geboren.
Brunnen voller Friede und Glück.
Und daneben hockt die Welt und verdurstet.
Was ist der Mensch,
wenn seine Gewalt
sich von dieser Nicht-Gewalt
nicht verwandeln lässt?

---

61 Diese Zeilen entstanden in den ersten Tagen nach der Geburt unserer zweiten Tochter.

Teil 3

Fallen, Orientierungen, Ermutigungen

13

Kinder sind nichts für Feiglinge

Es braucht Mut, sich für ein Leben mit Kindern zu entscheiden. Aber auch dann, wenn diese Entscheidung gefallen ist, brauchen wir immer wieder Mut und Einsatz, unseren persönlichen Weg mit unseren Kindern zu finden, oder zu „machen", wie Mauricio Wild immer sagte. Er meinte es ungefähr so: Wenn wir die Individualität unserer Kinder, unserer Umstände, unserer Zeit und unserer eigenen Persönlichkeit ernst nehmen, können wir uns zwar inspirieren lassen, können uns aber nicht allein auf die Wege verlassen, die schon von „ExpertInnen" beschildert wurden. So dürfen wir, im Bild von Mauricio gesprochen, tatsächlich unseren eigenen abenteuerlichen Weg durch das Dickicht und die Unwegsamkeiten des modernen Lebens und unserer Gesellschaft bahnen. Es gibt tausend Entscheidungen, die wir treffen müssen, vom Wickeln unserer Säuglinge und von der Art und Weise, wie wir sie in den Schlaf begleiten, über das erste Spielzeug, den Umgang mit Krankheiten, Medizin und Impfungen, den Medienkonsum und die Frage, wann was dran ist, bis hin zu den großen Entscheidungen, ob und wenn ja welche Kindergruppe, welcher Kindergarten und welche Schulen zu unseren Kindern und – nicht zu vergessen – zu uns Eltern passen. Und schließlich bis hin zu unserem eigenen Leben, zu den Fragen, wie wir selbst wohnen, arbeiten und leben möchten, so dass wir unseren menschlichen Bedürfnissen gerecht werden. Im Blick auf unsere Kinder können wir dahingehend wieder hellhöriger und feinfühliger werden.

Als meine Frau und ich vor 16 Jahren unseren Kindergarten gründeten, waren wir inspiriert von der wunderbaren Arbeit von Mauricio und Rebeca Wild in ihrem Kindergarten- und Schulprojekt *Pesta* in Quito, Ecuador. Die beiden waren in den 1990er Jahren immer wieder im deutschsprachigen Bereich auf Tournee und begeisterten viele Eltern und PädagogInnen. Es entstanden an vielen Orten „aktive" Schulen und Kindergärten mit nicht-direktivem Ansatz. Heute ist es relativ still geworden um die Wilds. Schulen und Kindergärten mit „Montessori-Wild"-Ansatz gibt es immer noch, aber viele Eltern heute wissen kaum noch um die Begeisterung, die die Wilds damals entfachen konnten. Einen Kindergarten zu gründen war auch im Jahr 2000 nicht einfach, zumal wir beide keine staatlich anerkannten Kindergartenpädagogen waren. Und es bedurfte einer zusätzlichen Portion Mut, was unsere persönlichen Umstände betraf. Ohne zu wissen, ob wir genügend Kinder zusammenbekommen würden – und damit genügend Budget – und ohne zu wissen, ob wir als Paar nicht nur zusammen leben, sondern auch zusammen arbeiten konnten, wagten wir das Experiment. Unseren Sohn fragten wir vorsichtshalber nicht. Wenn er gewusst hätte, was da auf ihn zukam, hätte er wahrscheinlich nein gesagt, ja vielleicht nein sagen müssen. Aber es war unsere Entscheidung und neben vielen für ihn großen Herausforderungen hatte es durchaus auch Vorteile für ihn. Nun stellen sich ja die wenigsten Eltern oder PädagogInnen selbst vor die Wahl, ob sie einen Kindergarten gründen wollen, mit dem Ziel, in radikaler Weise das auch noch selbst „zu machen", um noch einmal mit Mauricio

Wild zu sprechen. Und ich erzähle diese unsere Geschichte nicht mit der Absicht auf uns zu deuten und unseren Mut oder unser Ideal herauszustreichen. Aber unser eigener Weg und unsere Entscheidung, dem Beispiel der Wilds zu folgen, soll doch darauf hinweisen, dass wir immer Optionen haben und uns nie hinter irgendwelchen Umständen allein verstecken können. Dabei habe ich persönlich als Kind und Schüler keine außergewöhnliche Schrecken oder Traumata mit Kindergarten oder Schule erlebt, außer den üblichen Kränkungen, die wir auf die ein oder andere Weise alle erlebt haben. Ich war nach Startschwierigkeiten im Gymnasium sogar richtig gut in der Schule, was aber auch nur bedeutet, dass ich mich im Laufe der Jahre weitestgehend den Erwartungen und Aufgabenstellungen der LehrerInnen anpassen konnte. Wie sehr manche MitschülerInnen in der Schule litten, war mir allerdings sehr wohl bewusst. Gleichzeitig bewunderte ich immer wieder die, die schon früh ihre ureigenen Interessen kannten und verfolgten, ohne sich davon abhängig zu machen, überall mithalten zu können oder allen Erwartungen gerecht werden zu wollen. Mein „sportlicher" Zugang zum Wettkampf um Anerkennung und gute Noten konnte nicht darüber hinwegtäuschen, dass ich in all diesen Jahren in der Schule weder viel gelernt hatte (außer kurzfristig Stoff reproduzieren zu können, mich anzupassen und die Spielchen mitzuspielen), noch dass ich einen wachen Blick auf mein Leben und eine Ahnung von meinem persönlichen Weg in dieser Welt bekommen hätte. Meine wirklichen Lernerfahrungen lagen dort, wo ich etwas gewagt hatte und mich persönlich auf den Weg gemacht hatte – etwa in meinem Schüleraustauschjahr in den USA, und wenn ich mich meinen kreativ-musikalischen und meinen spirituellen Bedürfnissen widmete.

Meine Motivation war aber letztlich nicht, „gegen dieses miese Bildungssystem aufzustehen" oder es zu bekämpfen, sondern selbst jetzt mit meinem eigenen kleinen Kind im Kleinen so anzufangen, wie es für mich und meine Frau adäquater schien. Als wir bei den Vorträgen der Wilds einmal geschmeckt hatten, wie eine Arbeit mit Kindern auch aussehen kann, und welcher Schatz und welche Lebensfülle in so einem wunderbaren Ort für Kinder (wie es der *Pesta* – das Kindergarten- und Schulprojekt der Wilds in Ecuador schien) zu finden ist – nämlich auch für die Erwachsenen (Eltern wie PädagogInnen), ließ uns das nicht mehr los. Das war es, was wir uns für uns selbst und für unsere Kinder wünschten!

Egal, was wir für unsere Kinder wählen, es ist eben auch *unsere* Entscheidung. Wir müssen sie auch gar nicht in eine Betreuungseinrichtung geben, wenn wir das für besser halten und es uns einrichten können. Es kann gute Gründe geben es nicht zu tun, sogar im Schulalter.[62] Und es gibt gute Gründe, es doch zu tun. Wir dürfen und wir *müssen* entscheiden, welchen Weg wir mit unseren Kindern wählen. Und auch hier gilt: Es gibt eigentlich nichts, was für alle Kinder oder Eltern richtig oder falsch wäre, und es gibt auch für jede Familie und jedes Kind einen Weg, der im Gehen entsteht. Wir beobachten, überlegen und entscheiden uns und müssen dann sehen, was passiert: Wie geht es meinem Kind, wie geht es mir mit dieser Entscheidung und wie können wir und die Menschen, die ggf. mein Kind begleiten, zusammenarbeiten, damit wir seiner Entwicklung helfen können oder zumindest nicht im Weg stehen. Angst ist auch hier auf Dauer ein schlechter Berater, und es dient dem Kind und uns selbst auch nicht, wenn wir uns ständig neu oder *um*entscheiden. Buchstäblich entscheidend ist es,

62 Siehe dazu den Film ALPHABET von Erwin Wagenhofer, sowie der bereits erwähnte André Stern, den schon Olivier Keller in seiner Studie über unbeschulte Kinder beschrieb (Olivier Keller: *Denn mein Leben ist Lernen: wie Kinder aus eigenem Antrieb die Welt erforschen.* Freiamt: Mit Kindern Wachsen-Verlag, 1999.), und der dann selbst ein Buch veröffentlichte mit dem Titel: *…und ich war nie in der Schule: Geschichte eines glücklichen Kindes.* A.a.O.

die Balance zu finden zwischen einem achtsamen Beobachten und Spüren einerseits, wie es meinem Kind geht und wie es mir geht, und vielleicht noch wichtiger: welches Gefühl und welche Sorge tatsächlich wo hingehört, und auf der anderen Seite einem grundsätzlichen Zutrauen und Vertrauen in die jeweilige Entscheidung, zu den mitverantwortlichen Menschen und in mein Kind selbst. Dazu später noch mehr.

Mut zum Vertrauen

„Nicht erziehen“ war eine der beschriebenen Übungen, weil es der „Erziehung“ im herkömmlichen Verständnis an Vertrauen in das Potenzial und in den inneren Plan jedes Kindes (jedes Menschen überhaupt!) mangelt. Wenn wir uns als Eltern oder PädagogInnen auf den Übungsweg der Achtsamkeit machen, zeigt sich uns immer wieder, dass wir auf das verzichten können, was früher klar die Aufgabe und Rolle der Erziehenden war: *Unseren Kindern aktiv etwas beizubringen,* weil sie es ohne uns nicht lernen würden – sei es ihr kognitives Lernen oder ihre motorische Entwicklung, sei es ihr Verhalten. Je mehr wir ihnen hier „eintrichtern“ wollen, desto mehr stehen wir ihrer Entwicklung im Weg. Um sprechen zu lernen, brauchen sie Menschen, die mit ihnen sprechen, nicht aber Menschen, die sie ständig korrigieren, wenn sie etwas „falsch“ sagen. Um sitzen, krabbeln, stehen und gehen zu lernen, brauchen sie ein sicheres Umfeld und die Möglichkeit sich zu bewegen. Aber wir müssen ihnen weder zeigen, wie man krabbelt, noch sie hinsetzen oder hinstellen, noch sie ständig an der Hand gehen lassen, wenn sie selbst noch nicht sitzen, stehen oder gehen können. Sowohl ihre innere Stabilität und ihr Gleichgewicht wie auch die Qualität ihrer Bewegung leidet unter unserem „Fördern“ und gewinnt durch ihre selbsttätige und selbstbestimmte Entwicklung, die ihren eigenen Plan und ihr eigenes Tempo kennt. Wenn wir hier lernen, uns als Eltern und ErzieherInnen etwas zurückzunehmen, ohne unser Interesse an der Entwicklung der Kinder zu verlieren, können wir achtsam beobachten, was sich bei den Kindern tut und wie sie wirklich lernen – jenseits gut gemeinter Methoden oder Programme. Diese eigenen Erfahrungen brauchen wir notwendig, um dem Druck einer leistungsorientierten Wettbewerbsgesellschaft standzuhalten, die Bildung nicht als ganzheitlichen Prozess der Selbst-Bildung „von innen nach außen" (Rebeca Wild) begreift, sondern weiterhin auf Förderung und Unterricht (quasi „von außen nach innen"), sowie auf Standardisierung, Messbarkeit, Vergleich und Überprüfbarkeit setzt. Auch die Gemeinschaft mit Gleichgesinnten ist wertvoll, um sich nicht völlig als „Alien" zu fühlen und um mutig unseren Kurs zu halten, der sich letztlich an der Liebe orientiert und am Vertrauen in die Selbstentfaltungskräfte und den „inneren Plan", den jedes Kind in sich trägt. Das Schielen auf die vermeintlichen Erziehungserfolge anderer Eltern sowie der Vergleich und das Messen unter den Kindern zeugt eher von den vielen verständlichen Ängsten, als Eltern nicht gut genug oder „up to date" zu sein, und von der Sorge, dass unser Kind „hinten" bleibt oder sich im Kampf um die „wenigen guten Plätze" nicht durchsetzen wird. Doch dieser Kampf nützt niemandem. Und wir fangen besser mit unseren Kindern an, an einer neuen Gesellschaft zu bauen, indem wir dem Wettkampf das Miteinander und die Kooperation vorziehen, sowie der „natürlichen" Auslese die vielleicht auch in der Evolution *noch ursprünglichere* Liebe und Menschlichkeit. Im Zweifelsfall wollen wir doch sonst auch dem Schwächeren helfen und mit dem Herzen den Reichtum derer erkennen, die scheinbar nichts leisten und nirgends mithalten können. So können wir anfangen, anstatt der Angst das Vertrauen und die Liebe als treibende Kräfte anzuerkennen – von unseren Kindern angefangen über kleinste familiäre und freundschaftliche Kreise über die Entwicklung unserer Gesellschaft vielleicht bis hin zu den geheimnisvollen Bewegungen im Universum.

Wir dürfen also mit dem Wachsen unseres Vertrauens den Aktionismus und das Engagement in der Hinsicht etwas zurücknehmen und uns wie ein guter Gärtner mehr um das Umfeld kümmern, um die authentischen Bedürfnisse unserer Kinder.[63] Es erfordert Mut, sie bei Sonne und Regen gleichermaßen zu begleiten und auch Sturm und Gewitter als etwas anzuerkennen, was dazugehört, was ist und sein darf. Dabei können wir auch unsere große Sorge loslassen und den Hang dazu, alles für unsere Kinder optimal gestalten zu wollen. Perfektionismus lässt die Kinder aus dem Fokus rücken und verweist eher auf unsere Entwicklungsaufgaben als Eltern. Ständige Sorge schwächt unsere Kinder mehr, als dass sie ihnen hilft. Manche Umstände können wir nicht verändern und es geht darum, etwas anzunehmen, was uns das Leben zumutet, aber auch zutraut, um Vertrauen und Gelassenheit zu entwickeln, so dass wir daran wachsen können.

Nicht reduzieren brauchen und dürfen wir unsere bedingungslose Liebe, die Pflege der Beziehung zu unseren „Pflänzchen“ und das Bemühen, immer wieder neu zu erkennen, wo unsere Aufgabe liegt: Erkennen, wo wir Bedingungen verändern können und müssen und wo es Gelassenheit braucht, das Bestehende anzunehmen und damit umzugehen.

63 In den ersten Jahren bis hinauf in die Schule sind diese Bedürfnisse sensorischer, motorischer und emotionaler Natur. Kinder brauchen also die Elemente (Wasser, Erde, Sand, Feuer, Luft usw.), die freie Natur und Raum für Bewegung und freies Spiel, gehalten und begleitet von der Liebe und Geborgenheit.

Mut zur Verantwortung

Nun ist es ja so, dass viele Eltern heute diese herkömmliche Form der Erziehung ohnehin schon nicht mehr praktizieren, jedenfalls nicht mehr praktizieren *wollen.* Viele wissen heute vor allem sehr gut, was sie *nicht* mehr wollen – wenn es um das Zusammenleben mit unseren Kindern geht.

Viele haben (Gott sei Dank) kein gutes Gefühl mehr dabei, ihr Kind zu bestrafen oder gar körperlich zu züchtigen.

Viele wollen ihre Kinder nicht mehr bevormunden, manipulieren, dressieren, ihnen Manieren beibringen oder „zeigen, wer der Stärkere ist".

Viele wollen den althergebrachten Konventionen nicht mehr folgen, die die Kinder in vielen Dingen genau darin einschränken, was sie am Nötigsten brauchen: Mit allen Sinnen die Welt erobern, sich frei bewegen und ihre Emotionen erleben dürfen.

Aber wir werden doch damit konfrontiert, etwa wenn es um Besuche bei den eigenen Eltern geht, oder wir fragen uns: „Was nun? Was tun?", wenn unser Kind im Supermarkt wieder einmal „einen Film dreht" oder uns sonst wie „blamiert". Auch im Kindergarten ist es immer wieder herausfordernd, wenn uns Eltern bei der Arbeit zuschauen. Wenn es gerade drunter und drüber geht, tauchen so alte Fragen auf wie: Hab ich alles im Griff? Manchmal wird uns diese Frage auch direkt gestellt oder infrage gestellt, dass wir noch alles im Griff hätten. Aber wollen wir das überhaupt – alles „im Griff" haben? Irgendwie nicht mehr und irgendwie doch. Wenn wir schon nicht mehr erziehen wollen oder „sollen", was ist dann unsere Aufgabe? Wie geht das Neue, wenn das Alte nicht mehr stimmt? Wir können hier kaum auf Vorbilder zurückgreifen und müssen uns, unsere Werte und unser Zusammenleben mit Kindern quasi neu erfinden. Und das ist manchmal alles andere als leicht. Nicht wenige Eltern finden keinen Zugang mehr zu ihren persönlichen Grenzen, oder trauen sich diese nicht mehr zu artikulieren. Hier ein paar mögliche „Fallen" oder Sackgassen auf diesem Weg ins Neuland, in dem es keine Landkarten und Navis gibt.

Können Kinder tun, was sie wollen?

Sobald wir uns als Eltern oder im Kindergarten darauf einlassen, auf Erziehung im herkömmlichen Sinn zu verzichten, wird uns diese Frage verfolgen. Die Antwort darauf ist ein entschlossenes Ja und ein entschlossenes Nein. Das Ja: Kinder brauchen Freiheit, das zu tun, was sie wirklich wollen. Der Philosoph Frithjof Bergmann hat eine verblüffend einfache, aber revolutionäre Frage auch an uns Erwachsene gestellt: Was ist es, was wir *wirklich wirklich* tun wollen in unserem Leben? Was ist unsere Berufung?, könnten wir spirituell fragen. Wir Erwachsene müssen unser Ureigenes erst wieder unter den vielen Schichten dessen ausgraben, was uns von außen beigebracht wurde und uns wie heillos von unserer Berufung abgelenkt hat. Den Kindern sollten wir diesen Zugang zu ihrer großen Schaffenskraft, Kreativität und ihrem Forschergeist erst gar nicht nehmen. Dafür braucht es viel Freiheit, in einem anregenden Umfeld selbst entscheiden zu können, was und mit wem sie spielen, arbeiten oder lernen – sich beschäftigen wollen.

So viel zum Ja. Das entschlossene Nein zur Frage, ob die Kinder tun können, was sie wollen, besteht in den vielen natürlichen Grenzen, die unser Zusammenleben kennzeichnen:

Nein, das eigene Spiel kann nicht sein, andere zu stören.

Nein, man darf andere nicht verletzen oder beschimpfen. Nein, auch nicht die Erwachsenen.

Nein, man darf nichts beschädigen oder kaputt machen.

Nein, bei uns darf man nicht mit dreckigen Schuhen durch den Kindergarten bzw. die Schule bzw. durch unser Haus latschen.

Nein, wir alle leben nicht in einem grenzenlosen Raum, in dem alles zu jeder Zeit möglich oder erlaubt ist. Was wäre das für eine schrecklich unsichere Welt? Wo bliebe unsere Geborgenheit? Rebeca Wild sprach immer von einer „entspannten

Umgebung". Ohne die kann ein Kind weder spielen noch lernen (was ohnehin das Gleiche ist). Für diese „entspannte Umgebung" haben wir Erwachsene zu sorgen – unter wachsender Mithilfe unserer heranwachsenden Kinder und Jugendlichen.

Wer trägt die Verantwortung?

Natürlich können wir unsere Kinder in unsere Wertvorstellungen eines gelingenden Zusammenlebens einbinden – mitwachsend mit ihrem Heranwachsen. Aber es muss uns klar sein, dass wir als Erwachsene die Verantwortung für unser Zusammenleben und für die Atmosphäre und Kultur unserer Familien und Institutionen tragen. Das ist keine demokratische Veranstaltung. Das ist *unsere* Aufgabe, gibt uns aber auch das Recht, die Freiheit unserer Kinder dort einzuschränken bzw. auf Grenzen zu achten und zu bestehen, die diese Atmosphäre gewährleisten sollen. Das bedeutet eben z. B. ganz konkret im Kindergarten, dass ich Kinder nicht miteinander spielen lasse, die zusammen andere stören oder sich einen Spaß daraus machen, andere zu ärgern. Abgesehen davon, dass ich hier die anderen schützen muss, zeigt sich immer wieder, dass dann auch die Dynamik zwischen den Störenfrieden nicht stimmt. Und sie manchmal wie befreit sind, wenn sie etwas ohne den anderen bzw. alleine machen müssen und wir ihnen die schwierige eigene Abgrenzung zum anderen abnehmen und ihnen quasi die *Erlaubnis* geben etwas alleine machen zu können.

Ist Führung erlaubt bzw. wer führt?

Manchmal tun sich Eltern unglaublich schwer, ihren Kindern ein klares Nein zu sagen.

„Nein, du hast heute schon ein Eis bekommen, es gibt kein zweites mehr."

„Nein, wir gehen jetzt nach Hause, dort gibt es Essen, wir bitten jetzt nicht mehr die Kindergärtnerin, dass sie uns ein Butterbrot schmiert oder einen Apfel schält."

„Nein, Franz kann heute nicht zu uns kommen, ich kann heute nicht auf euch beide gut aufpassen!"

„Nein, ich will jetzt kein Geld für X oder Y ausgeben." „Aber letzte Woche hast du mir das gekauft." „Ja, aber heute will ich nicht."

Es scheint manchmal gar nicht mehr so leicht für Eltern und doch so dringend notwendig, sich ihrer Rolle und Aufgabe zu vergewissern: *Wir* sind die Erwachsenen, *wir* tragen Sorge um die Gesundheit unserer Kinder. *Wir* müssen uns um die Atmosphäre in der Familie kümmern. *Wir* verdienen das Geld, *wir* müssen mit unserem Familienbudget haushalten, und *wir* haben (wenn wir ehrlich sind) auch die Macht – ein Begriff, der nicht nur negativ behaftet sein muss. Macht ist okay, wenn sie mit der nötigen Verantwortung einhergeht – *schwindeln wir uns nicht darum herum!* Der Übungsweg der Achtsamkeit hilft uns auch hier zu sehen, was ist. Achtsamkeit in Kindergarten und Familie heißt nicht, dass wir nicht bisweilen auch *Führung* übernehmen dürften. Wäre es nicht so, hätte die Natur unseren Kindern einen viel schnelleren Reifeprozess mitgegeben, bei dem wir nicht etwa 18 Jahre lang zuständig sind – wenn auch natürlich nicht durchgehend auf gleiche Weise!

Müssen wir immer nett sein?

Nein, bitte nicht. Es gibt kaum etwas Hinderlicheres, um unserer Verantwortung wirklich gerecht zu werden, als wenn wir meinen, wir müssten immer nett sein. Selbst die Geduldigsten, Liebevollsten und Friedvollsten unter uns werden auf Kinder treffen, die authentische Reaktionen und damit auch Emotionen herausfordern. Wir können uns immer bemühen, in Wortwahl und Ton freundlich zu bleiben, aber Grenzen sind an sich nicht nett für die, die sie spüren müssen, auch wenn sie letztlich hilfreich und nötig sind.

„Weißt du eigentlich, wie blöd du bist?", hat mich erst kürzlich meine jüngste Tochter wieder gefragt, als ich einen Wunsch nicht erfüllen konnte. Auch im Kindergarten muss ich mir das manchmal anhören. Wenn ich auf meine persönlichen Grenzen schaue, oder Verantwortung trage für eine Gruppe, komme ich nicht darum herum, manchmal der Blödmann zu sein.

Wenn wir uns an unsere Verantwortung erinnern, hört das Nettsein manchmal abrupt auf, und wir dürfen damit umgehen lernen, zum „Spielverderber" und Buhmann zu werden.

Müssen wir immer Spaß haben und gut miteinander auskommen?

Das hängt natürlich mit dem vorher Gesagten zusammen. Natürlich heißt auch hier die Antwort Nein. Das Leben macht nicht immer Spaß. Manchmal ist es bitterer Ernst. Manchmal tragisch, manchmal stehen wir vor einem Abgrund. Auch mit unseren Kindern. Oft stehen wir einfach alle in unserer Alltagsmühle oder versuchen unser kleines Boot durch ein Meer an Bedürfnissen (anderer und eigener!) hindurch zu navigieren. Und wenn es uns nicht gut geht, passiert es uns genau wie unseren Kindern auch, dass wir uns nicht „gut" verhalten. Natürlich wäre es wichtig, dass wir im Laufe unseres Lebens lernen, für unser Verhalten Verantwortung zu übernehmen, uns auch zu entschuldigen, wenn wir uns nicht gut verhalten haben. Von größter Bedeutung ist es jedenfalls, dass wir lernen, gut zu uns selbst zu sein. Weder andere noch uns selbst zu verurteilen. Es braucht also auch den Mut, an uns selbst zu arbeiten. Das ist nicht immer der große Spaß, sondern eher mühevoll.

Neben den großen Themen Freiheit, Grenzen und Führung gehört es auch zu unserer Verantwortung immer wieder herauszufinden, welche Bedürfnisse sich bei den Kindern zeigen oder schon länger nicht erfüllt werden und wo es Veränderungen im Alltag braucht, sei es in unserer unmittelbaren Umgebung zu Hause, im Lebensalltag oder Wochenplan der Kinder oder in unserer Beziehung und den vielleicht fehlenden gemeinsamen Zeiten. Unsere Verantwortung liegt also sehr wohl auch darin, uns zu fragen: Widme ich meinem Kind genügend Augenblicke ungeteilter Aufmerksamkeit? Gibt es genügend Zeiten und Orte, in denen mein Kind entspannt seinen Bedürfnissen nachgehen kann, in denen es nicht ständig eingeschränkt, begrenzt oder herausgerissen werden muss? Kleinkinder verlieren verständlicherweise ihre Freude und werden in ihrem Lebensdrang, sich zu entfalten, unnötig behindert, wenn wir ständig nein sagen müssen. Spätestens dann sollten wir Veränderungen in der Wohnung vornehmen, die das Miteinander erleichtern. Hier können wir viel von der Forschungsarbeit und Praxis Emmi Piklers lernen.[64]

Mut zum Miteinander-Wachsen

Wenn wir unser Leben mit Kindern anders ausrichten wollen als im herkömmlichen Verständnis von Erziehung, brauchen wir den Mut, der Würde und Kraft in unseren Kindern soweit zu vertrauen, dass wir nicht mehr das Gefühl haben, wir müssten leere Blätter beschreiben oder aus völlig hilflosen und schwachen Kreaturen erst „richtige" und zivilisierte Menschen machen. Das ist der Mut zum *Vertrauen.* Gleichzeitig brauchen wir den Mut, nicht alles sich selbst und dem Zufall zu überlassen. Wir haben durchaus unsere Aufgabe und Verantwortung für diese langen Jahre, in denen uns das Leben Kinder anvertraut. Gerade angesichts der Verunsicherung vieler Eltern heute, die gern *anders* mit ihren Kindern umgehen und leben wollen, als sie es vielleicht noch selbst erfahren haben, braucht es den Mut zur *Verantwortung.* Und wir dürfen diese Jahre als Entwicklungsphase für unser eigenes Leben erkennen und mit unseren Kindern mitwachsen. Wir stehen nicht mehr quasi „über" unseren Kindern, wir stehen als Mentoren mit

---

64 Für Begleitung und Austausch zum konkreten Alltag empfehle ich die Angebote der Pikler Spielraum-Gruppen, sowie das im Vergleich zu Emmi Pikler selbst leichter lesbare Buch: Chantal de Truchis: *Wie Ihr Baby Vertrauen gewinnt – zu sich selbst und in die Welt.* Freiburg: Herder-Verlag, 1997.

mehr Lebenserfahrung und mit der Liebe und Verantwortung als Eltern unseren Kindern zur Seite und stehen zugleich selbst im Fluss unserer eigenen Weiterentwicklung, die durch unsere Aufgabe und Verantwortung und durch die Kraft der Liebe grandiose Energieschübe erfahren kann. Mut also zum *Miteinander-Wachsen.* Auch wenn wir nicht mehr über unseren Kindern stehen, muss das keinen Verlust unserer Autorität bedeuten.[65]

In einer achtsamen Elternschaft geschieht Führung im Dialog mit den Kindern und je älter sie werden, desto mehr werden sich die Bereiche ausdehnen, in denen ich die Eigenverantwortung des Kindes sehen und ermöglichen muss. Je besser die Beziehung zu ihnen ist, desto eher wird uns das gelingen. Im Dialog mit unseren Kindern zu bleiben bedeutet *nicht,* dass die Entscheidungen demokratisch getroffen werden. Wir bleiben zuständig und tragen die Verantwortung. Unsere *Autorität* hingegen gründet nicht mehr in unserer gesellschaftlich vorgegebenen Rolle als Vater oder Mutter, sondern sie muss von innen heraus wachsen: In der Verarbeitung unserer Erfahrungen, in unserer Bereitschaft, eigene Fehler zu bekennen, sowie nicht mehr hilfreiche Muster in unserem Verhalten wahrzunehmen. Kurz: Im Zusammensein mit unseren Kindern selbst weiter zu wachsen und zu lernen. Wenn wir glücklicherweise nicht mehr autoritär sein wollen, heißt das nicht, dass wir unsere Autorität verlieren.

---

65 Siehe dazu die vielen wegweisenden Bücher von Jesper Juul, z. B.: *Dein kompetentes Kind. Auf dem Weg zu einer neuen Wertgrundlage für die ganze Familie.* Reinbek: Rowohlt, 2009, oder: *Grenzen, Nähe, Respekt. Wie Eltern und Kinder sich finden.* Reinbek: Rowohlt, 2000 und: *Was Familien trägt: Werte in Erziehung und Partnerschaft; ein Orientierungsbuch.* Weinheim & Basel: Beltz, 2008.

Freundlichkeit und Liebe

Die Liebe ist gratis und in uns allen selbstverständlich. Eine Freundlichkeit aber, die von Herzen kommt, ist die Frucht einer langen und oft mühsamen Entwicklung. Es ist, als ob wir das unerschöpfliche Reservoir an Liebe im Innersten unseres Herzens (wieder) nach außen, ans Tageslicht fördern müssten, damit es buchstäblich in unseren Gesichtern strahlen kann. Wir lieben alle unsere Kinder. Und ich bin mir sicher, dass sich viele Eltern wie ich selbst nichts mehr wünschen, als mit ihren Kindern freundlich bleiben zu können, auch wenn es brenzlig wird. Auch wenn es darum geht, Nein zu sagen oder auf einem Nein zu bestehen. Und selbst dann nicht auszurasten, wenn mein Kind wütend wird, außer sich ist, oder mich sogar beschimpft oder nach mir schlägt. Aber das braucht eine lange Auseinandersetzung mit mir selbst. Einen inneren Reifeprozesses, wie er uns tatsächlich wunderbar im Zusammenleben mit unseren Kindern zur Verfügung steht. Aber für die meisten von uns steht diese Freundlichkeit (im Unterschied zum oben beschriebenen „Nettsein") als Ziel und Ideal vor uns. Sie leitet uns und wir versuchen ihr entgegenzugehen, ohne uns zu verurteilen, wenn es uns gerade nicht gelungen ist.

Dieses Ideal der Freundlichkeit und liebenden Verbindung mit unseren Kindern hat Naomi Aldort wunderbar auf den Punkt gebracht:

„Es gibt keinen Grund, mit einem Kind zu schimpfen oder sich über es zu ärgern. Es hat bestimmt keine bösen Absichten. Es tut sein Bestes, um für sich zu sorgen. Es braucht Führung und die Erfüllung seiner Bedürfnisse, ein sicheres Ventil für seine Enttäuschungen, Liebe und Zuwendung. Seien Sie der Verbündete Ihres Kindes."[66]

---

66 Naomi Aldort: „Wenn Kinder beißen". In: *Mit Kindern wachsen. Neue Perspektiven & Wege im Leben mit Kindern.* Januar 2008, S. 8-12, hier S. 11.

Tausendmal können wir uns das in Erinnerung rufen. Es ist die Haltung, zu der ich gerne heranwachsen möchte. Aber ich kann mir nichts vormachen. Ich kann nicht Worte nachplappern, die nicht mit meinem Inneren zusammenstimmen. Ja, wir müssen auf diesem neuen Weg auch eine neue Sprache erlernen. Aber ich möchte mit mir und meinen Entwicklungsschritten kongruent bleiben, möchte *authentisch* bleiben. Wenn wir nicht gerade die Angewohnheit haben andere niederzumachen oder zu beleidigen, halte ich es für besser, lieber manchmal authentisch loszubrüllen, als einem Buch, Ratgeber oder pädagogischen Vorbild nach dem Mund zu reden oder zu „säuseln". Das *können* Kinder gar nicht ernst nehmen, und macht nebenbei aus uns auch keine besseren Eltern.

Die Übung der Erwachsenen

Wenn Kinder nichts für Feiglinge sind, wenn Kinder also Mut erfordern, dann ist es neben dem Mut zum Vertrauen und zur Verantwortung auch der Mut, unser eigenes Leben für Neues zu öffnen, unserem eigenen inneren Plan wieder auf die Spur zu kommen und die Jahre mit unseren Kindern als Übungsweg zu begreifen. Ich habe im zweiten Teil dieses Buches versucht, auf dem Hintergrund der Achtsamkeitspraxis neun Übungsfelder zu erschließen – ohne jeden Anspruch auf Vollständigkeit, denn da gäbe es für uns Eltern oder PädagogInnen noch andere mehr. Immer ist es gerade der ganz nüchterne Alltag, der uns zur größten Übung ermutigt, die uns mit Kindern geschenkt ist: Sie zu lieben, so dass sie es wirklich erfahren können, und darin immer auch ihre Liebe zu *empfangen*. Fred Donaldson spricht, wie in Kapitel 12 beschrieben, vom Mut zurückzulieben – *the courage to love back*. Wir können uns täglich um die Beziehung zu unseren Kindern bemühen und Wege finden sie spüren zu lassen, dass wir sie lieben: Nicht indem wir etwas für sie kaufen, etwas Spektakuläres mit ihnen unternehmen oder ihnen alle Wünsche erfüllen. Sondern indem wir sie berühren, ihnen zuhören, sie anschauen – ihnen schlicht ein paar Momente lang volle Aufmerksamkeit schenken. Das ist für viele Eltern alles andere als selbstverständlich, wenn wir Statistiken glauben wollen, die uns sagen, wie wenig Zeit wir uns wirklich täglich unseren Kindern zuwenden. Auch im Kindergarten geht diese wesentlichste Aufgabe oft im Stress und im Getriebensein unter, weil es immer etwas „Wichtigeres“ zu tun gibt. Der Weg der Achtsamkeit gibt uns hier eine glasklare Orientierung:

Die Übung der Achtsamkeit ist nichts anderes als die Übung von liebevoller Zuneigung (Thich Nhat Hanh)[67]

---

67 Zitiert nach Mathias Stöbener: *365 Momente der Achtsamkeit.* München: Pattloch-Verlag, 2002, Vorwort ohne Pagina.

Und wieder gilt das Gleiche für uns selbst: Zuneigung, Freundlichkeit und Liebe zu uns selbst entwickeln, was vielleicht noch viel schwieriger ist. Aber wir dürfen uns auf den Weg machen. Achtsamkeit hilft uns, auch unser Schimpfen auf uns selbst hören zu lernen und – wenn wir so wollen – auch „der Verbündete von uns selbst“ zu werden, Freundschaft mit uns selbst zu schließen.

14

Eltern und PädagogInnen

Vertrauen und Loslassen

Es war schon die Rede vom Mut zum Vertrauen. Dort ging es in erster Linie um unser Vertrauen in den inneren Plan unserer Kinder. Nur so können wir uns in der Zurückhaltung üben, die für eine achtsame Haltung notwendig ist.

Hier geht es um unser Vertrauen ins Leben und zu den weiteren Kreisen, in die hinein wir unsere Kinder Schritt für Schritt ziehen lassen müssen und dürfen. Vertrauen zu den Menschen, denen wir sie anvertrauen, ob Großeltern oder PädagogInnen in Kindergruppe, Kindergarten und Schule. Es ist, als hätten wir gerade erst den Mut gefunden uns selbst diese Verantwortung für das kleine zerbrechliche Leben unserer Kinder zuzutrauen, da müssen wir schon wieder anfangen unsere wertvollsten Schätze loszulassen und unser Vertrauen auszuweiten.

Ich bringe Anna, meine sechsjährige Tochter, und Jonas, meinen zwölfjährigen Sohn, zum Bus. Sie fahren zum Schwimmbad, in dem sie sich mit Oma und Opa treffen werden. Als ich sie alleine im Bus abfahren sehe, wird mir mulmig. Es ist gerade eine gute Woche her, dass ich miterleben musste, wie im gleichen Schwimmbad beinahe der sechsjährige Sohn meines Freundes ertrunken wäre. Er hatte ihn nur wenige Minuten aus den Augen verloren, als plötzlich eine Menschenmenge zusammenlief. Zuerst wussten wir gar nicht, dass es Leonardo war, der aus dem Wasser gefischt worden war. Es war schon schlimm genug, dass hier offenbar ein Kind wiederbelebt werden musste. Doch festzustellen, dass es das Kind meines Freundes ist, der mit mir einen schönen Nachmittag im Schwimmbad verbringen wollte, nimmt mir beinahe selbst den Atem. Ein anderer Badegast hatte ihn aus dem tiefen Wasser geholt und ihn zusammen mit einem anderen Helfer ins Leben zurückholen können. Ich werde die bangen Minuten nie vergessen, in denen wir verzweifelt hofften, dass er wieder zu Bewusstsein kommen würde.

Solche Momente erinnern mich daran, die kleinen Abschiede mit meinen Kindern bewusst zu gestalten. Unser Zusammensein ist mir für hier und heute geschenkt. Ich kann nur meine Verantwortung heute wahrnehmen und ihnen meine Liebe geben. Und ich darf viele schöne Augenblicke mit ihnen teilen. Aber es kann sein, dass irgendeiner davon der letzte ist. Gerade das Leben eines Kindes ist so zerbrechlich – und wenn es noch so stark und voller Energie ist.

Das muss mich nicht ängstlich machen und ständig besorgt. Das würde das Leben meiner Kinder unerträglich einschränken. Aber es kann mich dazu führen, auch in alltäglichen Situationen achtsam, nicht beiläufig Abschied zu nehmen. Mit Vertrauen in das Leben, aber auch mit vollem Bewusstsein für seine Zerbrechlichkeit. Und ich lasse sie ziehen mit einem kleinen „Danke" im Herzen, dass sie hier auf Erden sind. Manchmal zeichne ich ihnen ein kleines Kreuzlein auf die Stirn und befehle sie in Gottes Hände und in die Obhut seiner Engel. Und ich empfange sie mit einem kleinen „Danke" im Herzen, wenn sie wiederkommen.

Sorge und Drama

Auch von der bleibenden Bedeutung wacher Eltern in Kinderbetreuungseinrichtungen und Schulen war schon die Rede. Wir behalten unsere Verantwortung für unsere Kinder, auch wenn wir sie in die Obhut fremder Personen geben. Sicherheit und Geborgenheit sind die wichtigste Voraussetzung für Lernen und Entwicklung. „Eine entspannte Umgebung" war für die Wilds immer erklärte Aufgabe der Erwachsenen. Es ist eine Sache, daran im Getriebe des Schulalltags und in der Unruhe einer großen und zusammengewürfelten Gruppe vieler Persönlichkeiten zu arbeiten. Schwerer ist es, mit ständiger Sorge und unausgesprochenen (und nicht selten widersprüchlichen) Erwartungen von Eltern umzugehen. Diese können ein entspanntes Dasein, Arbeiten und Lernen der Kinder massiver stören als ein paar laute Kinder. Wie wir schon gesehen haben, sind Schwierigkeiten und Herausforderungen unter den Kindern oft keine Hindernisse, sondern Wachstumschancen für Kinder und Erwachsene. Das ist aber nur möglich mit einem gewissen Maß an Gelassenheit und was ich neben der nötigen Empathie auch die „gesunde Distanz" zu den Gefühlen und Erfahrungen unserer Kinder nenne. Es ist unser Anliegen, sie zu sehen, zu hören, so dass sie sich gesehen, gehört, „gefühlt" fühlen. Und dann braucht es manchmal ein Reflektieren, wo es Veränderung braucht, wo wir als PädagogInnen näher dran sein müssen an der Dynamik mancher Beziehungen zwischen Kindern, wo es beherzteres Einschreiten braucht und eine aktivere Rolle der Erwachsenen. Gleichzeitig ist es genauso hilfreich, dass wir neben Empathie und Tatkraft auch eine Ruhe und Gelassenheit entwickeln, die den Kindern zutraut, mit allem zurecht zu kommen, was gerade für sie herausfordernd ist. Wenn wir nicht dramatisieren, wie Naomi Aldort das dringend empfiehlt, können sie viele Schwierigkeiten selbst meistern und die heute viel beschworene Kraft der Resilienz entwickeln. Das geht bis dahin, unseren Kindern letztlich auch zuzugestehen, dass sie ihr Leben und ihr Schicksal haben, das nicht in unserer Hand liegt. Dann können sie sich aus unserer Sorge und Umklammerung lösen, können ihren eigenen Weg gehen und können werden, was sie sind.

Karussell

Ich sehe Jonas noch vor mir, als er im Vergnügungspark zum ersten Mal allein im Kinderkarussell die Runde fuhr. Ich stehe draußen und bin plötzlich den Tränen nahe. Wenn ich mir nicht selbst so kitschig vorgekommen wäre, hätte ich vielleicht tatsächlich weinen können...

Da freue ich mich an seiner Entwicklung und an der Würde, die er manchmal ausstrahlt, wenn er beginnt sich zu lösen oder erste Schritte alleine zu tun. Aber ich muss auch tief durchatmen und registriere eine Wehmut, einen leisen, aber spürbaren Schmerz: Ich habe sein Leben nicht in der Hand. Er gehört sowieso nicht mir. Er ist mir nur für eine Weile geliehen. Ich muss ihn ziehen lassen, ich kann mein Kind nicht ängstlich an die Leine nehmen.

Immer wieder habe ich gespürt, wie schwer das ist, insbesondere wenn meine Kinder ihre Kreise etwas weiter ziehen: Zum ersten Mal alleine zu Oma fahren lassen. Zum ersten Mal alleine in den Laden gehen lassen. Zum ersten Mal alleine mit dem Bus fahren lassen. Zum ersten Mal alleine für längere Zeit ohne mich verreisen lassen. Immer wieder ein Loslassen.

Zusammenarbeit und Klarheit

Wer sein Kind in eine Einrichtung gibt, kriegt es mit den PädagogInnen zu tun. Wer mit Kindern arbeitet, kriegt es mit deren Eltern zu tun… Auch Eltern sind nichts für Feiglinge. Und Eltern würden hinzufügen: PädagogInnen auch nicht! Was hier mit einem Augenzwinkern daherkommt, berührt doch ein heikles Thema für Eltern *und* PädagogInnen.

Mit Kindern zu arbeiten – ob in Kinderbetreuungseinrichtungen, Kindergärten oder Schulen – involviert immer deren Eltern und je kleiner die Kinder sind, desto wesentlicher ist das Vertrauensverhältnis zwischen Eltern und PädagogInnen. Als PädagogInnen vergessen wir manchmal, dass uns Eltern den größten Schatz ihres Lebens anvertrauen. Kein Wunder also, dass sie verdammt gut schauen, ob wir das wohl gut hinkriegen, ob wir wohl gut genug aufpassen darauf und in allem adäquates Verhalten an den Tag legen. Sie möchten ihren Schatz nach wie vor hüten wie ihren Augapfel und geben ihn doch – oft schon sehr früh – in unsere Obhut. Letzteres wiederum vergessen manchmal Eltern: Es ist ihre Entscheidung – ob notgedrungen oder nicht – ihr Kind in eine Einrichtung zu geben. Ich hatte einmal mit Eltern zu tun, die ihr Kind erst mit fünf Jahren bei uns einschrieben, weil sie es nicht an eine Institution abgeben wollten, was ihr gutes Recht ist. Bei aller Sympathie für unsere private Einrichtung mit ihrem besonderen Profil wurde aber im Laufe der Zeit deutlich, dass sie letztlich stellvertretend mit uns ihren Widerstand gegen die staatliche Regulierung eines „verpflichtenden Kindergartenjahres“ auskämpften.

Ebenso ist es die Entscheidung der Eltern, ihr Kind jemandem „Fremden“ anzuvertrauen und in eine Gruppe von Kindern zu geben, auf die auch die Einrichtung oder das pädagogische Team nur einen begrenzten Einfluss hat. So klar unsere Aufgabe als PädagogInnen sein mag, haben wir doch keine Möglichkeit an einer passenden Zusammensetzung von Charakteren und Persönlichkeiten für das individuelle Kind zu basteln. Ein rechtes Verhältnis von Lauten und Leisen, Wilden und Zarten, EinzelgängerInnen und „Gesellschaftsnudeln“, Pflegeleichten und Pflegeintensiven und die Gewähr, für jedes Kind den richtigen Freund bzw. die rechte Freundin zur Verfügung zu haben, ist natürlich nicht zu machen, nicht einmal ein ausgewogenes Verhältnis von Mädchen und Jungen ist immer möglich. Das klingt lapidar, stellt aber manchmal für Eltern ein ordentliches Problem dar. Als Eltern möchten wir natürlich für unsere Kinder sorgen und würden am liebsten alles unter Kontrolle haben, damit sie bestmöglich geschützt sind und optimale Bedingungen vorfinden für ihre Entwicklung. Aber auch wenn die menschliche Spezies im Vergleich zu anderen unglaublich lange ihre Sprösslinge ins Leben begleitet und sozusagen „die Hand drauf" hat, müssen wir sehen, dass wir als Eltern mit dem Eintritt unseres Kindes in eine Betreuungseinrichtung doch vieles aus der Hand geben müssen, wofür wir gerne noch selbst sorgen würden. Gerade so sensible Bereiche wie Pflege, Ernährung, Schutz und Geborgenheit fordern von Eltern ordentlich Mut loszulassen. Natürlich auch Mut, wichtige Anliegen und Bedürfnisse anzusprechen, zumal die Eltern ihre Kinder am besten kennen. Und den Mut, im Fall einer Sorge oder der Beobachtung besorgniserregender Vorkommnisse oder Veränderungen dies auch mitzuteilen. Aber gleichzeitig ist es unabdingbar, sein Kind der Einrichtung und ihren MitarbeiterInnen anzuvertrauen und seinem Kind auch zuzumuten und zuzutrauen, dass es dort grundsätzlich gut aufgehoben ist, oder zumindest zurechtkommt, im Fall Hilfe erfährt oder sich Hilfe holen lernt.

Neben den Kinder müssen auch deren Eltern (ganz zu schweigen von uns selbst als PädagogInnen) *mit dem leben, was ist* – eine wesentliche Einladung der Achtsamkeitspraxis. Bei allem Verständnis für die individuellen Bedürfnisse und Eigenheiten einzelner Kinder (und deren Eltern) im Kindergarten sind die PädagogInnen für eine ganze Gruppe von Kindern zuständig und verantwortlich. Das erfordert manchmal ein klares (vorläufiges oder längerfristiges) Nein zum Anliegen eines einzelnen Kindes oder auch zu dessen Eltern. Gerade in Übergangszeiten im Kindergarten, wie beim Bringen oder Abholen, stellt das für alle manchmal eine enorme Herausforderung dar: Einzelne

Kinder brauchen erhöhte Aufmerksamkeit, um sich beim Bringen von der Mutter zu lösen, andere Kinder kommen gerade in der Gruppe an und brauchen dort Begleitung, um hineinzufinden, Eltern kommen „noch schnell" mit einer wichtigen Information oder einem Anliegen und im pädagogischen Team fällt vielleicht noch eine organisatorische Notwendigkeit an. Eltern haben natürlich hauptsächlich ihr eigenes Kind und ihre Situation im Blick, der Pädagoge oder die Pädagogin muss das Ganze im Auge und Gespür haben. Es ist für Eltern oft nicht zu sehen, wie viel es braucht, um eine Gruppe von Kindern zu „halten" und wie leicht eine Situation kippen kann – gerade in so einer unruhigen Übergangssituation.

Auch beim Abholen braucht es eine Aufmerksamkeit, die in viele Richtungen geht, und das unter den besonderen Bedingungen, dass viele Kinder (und mitunter auch die PädagogInnen) müde sind, auf eine Weise ihre Aufmerksamkeit loslassen und die Kinder in ihrer Orientierung schon bei den Eltern sind, die sich aber vielleicht noch gar nicht zuständig fühlen oder mit ihrer Aufmerksamkeit gerade bei anderen Erwachsenen sind.

In all diesen Situationen braucht es Klarheit, Mut und Fingerspitzengefühl, um als Pädagoge oder Pädagogin auch Eltern gegenüber empathisch zu sein und gleichzeitig Grenzen aufzuzeigen oder Nein sagen zu können, wenn das aus der Verantwortung um die größere Gruppe geboten ist. Nicht nur um die Gruppe „halten" zu können, sondern auch, um sich selbst nicht zu verlieren. Wir können uns lange über unsere persönlichen Grenzen hinaus engagieren und allen gerecht werden wollen, zahlen aber irgendwann den Preis dafür bis hin zum Burnout. Gerade in privaten Kindergärten und Schulen ist diese Gefahr insofern größer, als der Abstand zwischen PädagogInnen und Eltern meist kleiner ist als in öffentlichen Einrichtungen. So schön die Nähe und Vertrautheit sein kann und so sehr sie das so notwendige Vertrauen fördern kann, so schwierig ist es andererseits manchmal, sich in dieser Vertrautheit auch abzugrenzen – um sowohl die Konturen und das Profil der Einrichtung zu wahren als auch die persönlichen Grenzen und die eigene Integrität als Pädagoge und Pädagogin.

Bringzeit im Kindergarten: Manchmal ist es, wie wenn der Wind geht und im Haus viele Fenster und Türen offen sind. Oder es ist wie am Beginn einer formalen Meditationseinheit: Alle Impulse, Energien, Worte, Gedanken und Gefühle drängen herein und alles gibt vor, enorm wichtig zu sein. Wohl dem, der einen Anker findet, eine Mitte, aus der heraus das Außen wahrgenommen werden kann, ohne sich darin zu verlieren. Erst wenn die Gruppe für den Tag komplett ist, die Eltern gegangen sind, alle Fenster und Türen sich langsam schließen und die Aufmerksamkeit klar zugeordnet und verteilt werden kann, kann jeder und jede zur Ruhe kommen und das Tagwerk beginnen. Auch in der Sorge um unser eigenes Lebenshaus und in der Achtung für unsere eigene Entwicklung beschreiten wir einen ständigen Übungsweg, der uns dazu ermutigt, wie jede Zelle unseres Körpers das nötige Gleichgewicht zu finden zwischen Öffnung und Abgrenzung. Eine halb-durchlässige Membran ermöglicht, Fenster und Türen zu öffnen, durchzulüften und zu schließen. Einflüsse, Impulse, Nahrung zuzulassen und aufzunehmen, genauso wie das eine oder andere abzulehnen. Sich zu verschließen oder gar die Rollläden herunterzulassen und dunkel zu machen, sich neu zu ordnen und gleichsam einzusammeln oder den Rückzug anzutreten in die eigene innere Höhle oder Burg, wie es die große Mystikerin des Mittelalters Teresa von Ávila nannte.

Freiheit und Vertrauen

Wenn Eltern sich entscheiden, ihr Kind in einen privaten Kindergarten zu geben oder gar in eine freie oder alternative Schule, stellt dies die Bereitschaft zu vertrauen nochmal auf eine zusätzliche Probe. Wann immer wir unkonventionelle Wege gehen, setzen wir uns aus. Die herkömmlichen Wege sind geschützt durch die Masse, die letztlich bestimmt, was „normal“ ist. Wer mit dieser Masse geht, muss sich kaum rechtfertigen und wird auch für den Rest nicht anstößig. Wenn wir alternative Wege wagen, müssen wir gute Gründe dafür haben. Und nicht selten fühlen sich andere nur dadurch auf den Schlips getreten, dass wir es anders machen wollen – gerade bei so einem sensiblen Thema wie Kindererziehung! Das spüren wir vielleicht schon mit unseren Eltern, wenn wir manches anders machen, als sie es mit uns gemacht haben. Oder auch bei unseren Geschwistern, die vielleicht mit ihren Kindern ganz anders umgehen. Wenn wir uns dann für alternative Wege im Kindergarten entscheiden, geraten wir ins nächste Schwierigkeits-“Level“. Noch heikler wird es, sobald wir uns gegen eine öffentliche Schule entscheiden. Da begegnen wir nicht selten einer Mischung aus Skepsis, Verteidigung durch Angriff, vielleicht sogar schlechtem Gewissen und einer Prise unausgesprochener Anerkennung für den Mut (den man selbst nicht aufbringt oder aufgebracht hat). Diese Gemengelage wird uns vielleicht erst allmählich bewusst und sie kann uns ganz schön durcheinanderbringen, so dass wir vielleicht selbst die Orientierung verlieren, was denn da eigentlich in uns und um uns herum passiert.

Aber selbst, wenn wir uns dazu entschlossen haben, diesen Weg mit unseren Kindern zu gehen, ist es auch dann nicht getan mit unserem Mut oder unserer Entschlossenheit. Gerade weil neue Wege meist einsame Wege sind, ist der Kreis der Gleichgesinnten – zumal in einer freien Schule – recht klein oder in seiner Zusammensetzung auch nicht nur unterstützend. Das Potenzial für Verunsicherung bleibt für uns Eltern auch in alternativen Schulen groß, vor allem, wenn vieles anders ist als im herkömmlichen Bildungssystem – etwa, wenn es weder Hausaufgaben noch Tests, weder verpflichtenden Unterricht noch Noten gibt. Das erfordert von Eltern immer wieder Klarheit, warum sie diesen Weg wählen. Dabei kommt es häufig vor, dass Eltern zwar

Freiheit wünschen und sich wegen dieser Freiheit für eine Schule entscheiden, dann aber doch „erwarten, dass die Kinder freiwillig das tun, was sie im herkömmlichen System gezwungenermaßen tun müssen", wie es einmal treffend von einer Supervisorin formuliert wurde. Und wenn es die Kinder nicht freiwillig tun, wird schnell der Ruf nach „mehr Struktur" laut. Werden strukturelle Elemente eingeführt, werden diese schnell als selbstverständlich angenommen und es darf immer wieder „ein bisschen mehr" sein. Das Herkömmliche gibt uns auch in der Bildung offenbar Sicherheit und behält eine Art Schwerkraft, die uns zurückzieht zu dem, was wir kennen, weil wir es selbst erlebt haben und weil es eben das „Normale" ist. Dass dabei die Freiheit und die Chance für neue Wege unter die Räder kommen, gerät leicht aus dem Blickfeld, wenn nicht Menschen dafür einstehen, diese gegen alle „Schwerkraft" der Norm und besorgter Eltern zu bewahren. Um sich der Schwerkraft des Herkömmlichen oder Normalen zu entziehen, braucht es mitwachsendes Vertrauen – in die Entwicklungsprozesse der Kinder und in die Pädagogik und persönliche Kompetenz der PädagogInnen. Der beste Weg, in diesem Vertrauen zu wachsen, ist die achtsame Beobachtung der eigenen Kinder: Wie lernen sie – wenn nicht durch Druck oder Unterricht von außen – auf natürliche Weise? Es ist immer wieder faszinierend, manche Lern- und Entwicklungsschritte der Kinder achtsam wahrzunehmen. Und diese eigene Erfahrung und Bestätigung unterstützen nicht nur das eigene Vertrauen, sondern sind auch das beste Argument, wenn Außenstehende Zweifel anmelden oder die Schulwahl grundsätzlich in Frage stellen. Es ist viel authentischer, die Beobachtungen der eigenen Kinder zu teilen, als auf Bücher, Konzepte oder Erfahrungen anderer Eltern zu verweisen – so unterstützend all das auch bleibt.

Manchmal suchen Eltern verständlicherweise einfach „das Beste" für ihre Kinder. Weil es viel Kritik am herkömmlichen Bildungssystem gibt, suchen sie das „Bessere" in privaten Einrichtungen. Ohne aber genauer zu erforschen, wofür die jeweilige private Einrichtung steht und was ihre Alternativen sind, ist die Gefahr groß, schnell enttäuscht zu werden oder sich darin zu versuchen, selbst eine gewachsene Bildungs-Alternative zum eigenen Ideal umzuformen, was natürlich zu großen Konflikten führen kann mit denen, die dort für die Gründungsidee einstehen. Es bleibt uns also auch in alternativen Bildungseinrichtungen nicht erspart, achtsam zu erforschen, worin die pädagogischen und menschlichen Werte und Gegebenheiten dort bestehen, was wesentlich ist, wie PädagogInnen und ggf. Elterngemeinschaft diese Werte leben und was an Strukturen und Erfahrungen bereits gewachsen ist. Wenn wir das anerkennen und uns bewusst ist, wie viel Herzblut und Engagement oft Generationen von PädagogInnen und Eltern schon in solche Projekte hineingesteckt haben, dann kann die Zusammenarbeit und Weiterentwicklung solcher Einrichtungen viel Freude bereiten und die individuellen Wege der Eltern unterstützen. Das wiederum hilft natürlich auch den Kindern, ihre Wege in diesen Einrichtungen zu gehen. Letztlich kann nur eine gute Zusammenarbeit und gegenseitiges Vertrauen zwischen Eltern und PädagogInnen optimale Lernbedingungen schaffen. Erstaunlicherweise profitieren aber viele Kinder auch dann von der größeren Freiheit, wenn ihre Eltern sich nie ganz mit den Konsequenzen und den bleibenden Begrenzungen und Unzulänglichkeiten selbstorganisierter Einrichtungen versöhnen können.

Meine langjährigen eigenen Erfahrungen in diesem Feld kennen Phasen sprühender Energie und wunderbaren Zusammenhalts, Inspiration in einer Gruppe verschiedenster kreativer Kräfte und den Lohn gemeinsamer Schaffenskraft. Aber natürlich auch Phasen von Ernüchterung, ständiger Konflikte und von fehlendem Gemeinschaftssinn. Für unsere Kinder kann ich konstatieren, dass es sich immer gelohnt hat, auch wenn wir aufpassen mussten, dass wir vor lauter Einsatz für die Sache der Kinder nicht verpassten Zeit mit ihnen selbst zu verbringen.

Auch wenn wir uns noch so engagieren, weil wir das Beste für unsere Kinder wollen, sind wir davor nicht gefeit, ihnen das vorzuenthalten, was sie am meisten brauchen: Zuwendung, ungeteilte Aufmerksamkeit und Zeit. Und entspannte Eltern.

15

Achtsamkeit üben

Keine Methode

Ist Achtsamkeit eine Methode? Ein spiritueller Lehrer hat in gewisser Weise den Spieß einmal umgedreht und gesagt: „Es gibt keine Methode, es gibt nur Achtsamkeit". Vielleicht wollte er damit sagen, dass die Essenz jeder Methode darin liegt, Präsenz zu schaffen. Nur in dem Maße, in dem wir im Kontakt sind mit der Wirklichkeit, also mit allem, was auf uns ein- und in uns wirkt, in dem Maße sind wir auch selbst fähig bewusst zu wirken. Wenn wir mit Kindern (oder anderen Menschen oder auch mit Tieren) arbeiten, kann unser Werkzeug Manipulation, Konditionierung oder Dressur sein, was unser Gegenüber auf die eine oder andere Weise unterwirft oder unfrei macht oder seine Unterwerfung oder Abhängigkeit voraussetzt. Wenn wir unser Gegenüber frei lassen wollen, „arbeiten" wir nur mit der Kraft der Gegenwart, Zuwendung und Offenheit unseres Herzens wie all unserer Sinne. Wenn wir „methodisch" vorgehen, birgt das die Gefahr, dass wir unser Gegenüber als Objekt sehen, auf das wir sozusagen mit Werkzeug einwirken. Ich spüre dabei immer ein gewisses Unbehagen. Auch wenn wir fragen, wie wir mit unseren Kindern „umgehen" oder sie

„behandeln“ – immer klingt es, als ob wir uns an Dingen zu schaffen machen. Dabei ist die griechische Wurzel des Begriffes Methode *hodós,* also der *Weg.* Gemeinsam ein Stück Weg beschreiten – das ist eine schöne Sichtweise für eine gemeinsame Arbeit. Ob das in einem Seminar passiert oder die Begleitung der vielen Jahre eines Kinderlebens betrifft. Dabei trifft auf Achtsamkeit wohl zu, was Mahatma Gandhi über den Frieden gesagt hat: „Es gibt keinen Weg zum Frieden. Frieden ist der Weg.“ So verhält es sich auch mit der Achtsamkeit. Sie ist selbst der Weg. Und wir tun gut daran, uns am Gelingen zu orientieren und nicht an den Missgeschicken. Wir können es ruhig so halten wie die sogenannten ExpertInnen oder BuchautorInnen und einander Geschichten erzählen, in denen wir etwas entdeckt, gelernt oder verstanden haben, in denen wir beschenkt wurden oder uns etwas *gelungen* ist. Gerade in der ganzen pädagogischen Arbeit tun wir meist das Gegenteil: Wir sprechen über Probleme, Konflikte, Schwierigkeiten, Fehlverhalten (der Erwachsenen) und Unerledigtes. Auf einem achtsamen Weg werden wir anfangen, uns mit dem Gelingen, dem Schönen und dem Positiven zu verbinden – ohne damit in ein oberflächliches oder manipulatives „positives“ Denken zu verfallen. Wir hangeln uns von einem Moment – der Einsicht, der Erkenntnis oder einfach des Kontaktes mit der Wirklichkeit des Hier und Jetzt, mit dem Leben – zum nächsten. Und beschreiten damit einen Übungsweg. Einen Übungsweg allerdings, der uns nicht in ferner Zukunft mit großen Zielen und der Erfüllung hoher Ideale erfüllt, sondern uns manchmal recht unmittelbar beschenkt, wie vielleicht manche der Geschichten in diesem Buch spürbar machen sollen.

Mehr als eine gute Idee

Eine gute Idee kann ein Anfang sein, manchmal aber ist sie auch nicht einmal das. Vielleicht ist eine gute Idee auch „nur so eine Idee“. Und von einem Anfang noch weit entfernt. Der guten Ideen gibt es ja viele, gerade wenn es um Kinder und deren Erziehung geht. Da brauchen Sie nur mit einem Säugling oder Kleinkind in einem Bus oder Zug unterwegs zu sein und das Kind gerade unzufrieden oder unglücklich. Da kriegen Sie alle Unterstützung, die Sie nicht brauchen können. Eine solche Art gute Idee ist Achtsamkeit nicht. Sie ist mehr als ein Tipp, ein Ratschlag, etwas, das sich jemand ausgedacht hat oder an andere verkaufen möchte. Sie entstammt immerhin einer Tradition und Übungspraxis, die seit mehr als 2500 Jahren gepflegt wird. Wie viel anderes Gutes auch, nützt es nichts, darüber viel nachzudenken oder zur diskutieren. Wir müssen es *tun,* oder besser: *erfahren.*

Beginnen

Das Gute an der Achtsamkeit ist, dass wir jederzeit und überall anfangen können, und das bei uns selbst. Wir müssen also nichts bei unseren Kindern ausprobieren oder gar an ihnen herumprobieren. Wir selbst können uns auf den Weg machen. Wir können jetzt wahrnehmen, was gerade geschieht, in uns und um uns herum. Jetzt, wenn ich diese Zeilen lese. Was geht in mir vor? Wie sitze ich eigentlich da? Welche Signale sendet mein Körper? Habe ich mich wirklich dazu entschieden zu lesen, oder wollte ich eigentlich ganz etwas anderes tun und da lag dieses Buch, das ich schon lange lesen wollte…? Oder habe ich mein Kind gerade vertröstet, ich würde gleich kommen…? Oder habe ich es mir so richtig gemütlich gemacht, weil ich jetzt, genau jetzt lesen möchte und ganz eins mit mir und diesem Wunsch bin. Oder bin ich eigentlich schon viel zu müde? Wie geht es mir gerade jetzt?

Lange Zeit war mir in Fortbildungen zur Achtsamkeit diese ständige Frage nach mir selbst und danach, wie es mir gerade geht, irgendwie verdächtig. Befördert das nicht ein ständiges Kreisen um mich selbst? Geht es ständig darum, dass es *mir* gut geht? Erst als ich verstanden hatte, dass nur die Selbst-Beobachtung meine Selbst-Wahrnehmung ermöglicht und erst diese Bewusstheit ermöglicht, meine automatischen Muster zu erkennen und damit auch längerfristig zu verändern, konnte ich mich auf diese Fragen nach meiner Befindlichkeit besser einlassen. Nur wenn ich mir bewusst werde, was ich gerade tue, was mein Körper mir für Signale sendet, wie meine Haltung ist, welche Gedanken in meinem Kopf kreisen und was in meinem Herzen ist, kann ich bewusst mit all dem umgehen, anstatt mich automatisch lenken zu lassen. Ohne in der Tiefe zu erfahren, wofür die Praxis der Achtsamkeit gut sein soll, werden wir diese Übung nicht lange aufrechterhalten. Aber wenn wir über die bloße Idee hinausgehen und das Gute daran *erleben,* ist ein Anfang gemacht. Für einen Moment aufwachen aus der Trance ständiger Gedanken. Ein Augenblick der Klarheit. Ein Kontakt mit der Wirklichkeit dessen, was vor meiner Nase ist. Wir kennen alle solche Schlüsselerfahrungen oder Geistesblitze. Was uns hier meist aus heiterem Himmel widerfährt, können wir ein Stück weit einüben. Nicht verbissen, schwitzend und kämpferisch. Aber doch *mit entschlossener Entschlossenheit* (Teresa von Ávila), mit *beständiger Absicht* und *sanfter Disziplin,* wie es Jon Kabat-Zinn beschreibt.[68]

Wenn der Leidensdruck groß ist, weil wir vielleicht chronische Schmerzen haben oder uns unser Alltag mit Kindern überfordert, bringen wir vermutlich mehr Bereitschaft mit, uns dieser Übung über längere Zeit zuzuwenden. Jon Kabat-Zinn hat als Mediziner schon vor 30 Jahren mit MBSR (*Mindfulness Based Stress Reduction,* also Stressbewältigung durch die Praxis der Achtsamkeit) ein Acht-Wochen-Programm entwickelt, das sich in den vergangenen Jahren auch im deutschsprachigen Raum rasant verbreitet hat. Mittlerweile gibt es auch ähnli-

---

68 Jon Kabat-Zinn: *Achtsamkeit für Anfänger.* A.a.O., S. 39.

che Programme in verschiedenen sozialen und therapeutischen Bereichen und mit *Mindful Parenting* nun auch für Eltern.[69]

Schon allein diese Entwicklung zeigt, dass Achtsamkeit mehr ist als eine gute Idee. Das Gute ist auch, dass gerade dieser innere Weg ein fortlaufendes Anfangen ist. Jedes Buch, jedes Programm, jedes Seminar hilft uns nur immer wieder anzufangen, weiterzumachen. Gerade weil es so unscheinbar ist und äußerlich keinen Eindruck zu machen scheint, brauchen wir immer wieder die Ermutigung, dass diese Übung alles andere als sinnlos oder zwecklos ist. Wenn wir nur für Augenblicke erleben, wie es uns ein waches Leben zurückgibt, können wir verstehen, dass unser Leben buchstäblich davon abhängt, wie Jon Kabat-Zinn immer wieder betont.[70]

Akzeptanz und Veränderung

Wie sehr hadern wir oft mit dem, was ist, und wollen es verändern. Bei unseren Kindern, unseren PartnerInnen, bei uns selbst.

„Es geht mir auf die Nerven, wenn du …",

„Kannst du nicht einmal …",

„Warum machst du immer …"

Wir kennen solche Sätze, wir sprechen sie selbst aus und müssen sie uns manchmal auch anhören. Aber wir hauen sie uns auch innerlich nicht selten selbst um die Ohren:

„Jetzt hab ich wieder das gemacht, was ich eigentlich gar nicht tun will. Immer nehm ich mir vor…"

„Ich bin so blöd, jetzt hab ich wieder den Schlüssel verlegt…"

---

69 Susan Bögels: *Mindful Parenting. Achtsamkeit und Selbstfürsorge für Eltern; das Manual für ein 8-Wochen-Programm.* Freiburg: Arbor-Verlag, 2014.

70 Jon Kabat-Zinn: *Gesund durch Meditation. Das große Buch der Selbstheilung mit MBSR.* München: Knaur Verlag, Vollständig überarbeitete Neuausgabe 2013, S. 27.

Oder wir granteln vor uns hin, sind schlechter Laune und wissen gar nicht warum. Anstatt es zu erforschen, beschleicht uns auch noch ein schlechtes Gewissen, weil wir merken, dass wir so den anderen auf die Nerven gehen. Wir beginnen mit uns selbst zu hadern. Wir fangen an uns schlecht zu fühlen, weil wir unseren MitgenossInnen und uns selbst auf die Nerven gehen, und der Teufelskreis beginnt…

Ist Veränderung denn überhaupt möglich?, mögen wir manchmal verzweifelt fragen. Ein schöner Satz (aus dem MBSR) lautet:

„Alles, was ist, darf sein; alles, was sein darf, kann sich verändern."[71]

Es ist das Paradox von Veränderung durch Akzeptanz. Solange wir hadern oder gegen etwas ankämpfen, scheint der Widerstand nur noch größer zu werden. Raum für Veränderung entsteht erst, wenn wir die Dinge sein lassen können, wie sie im Moment einmal eben sind. Hier eine Geschichte von Anthony de Mello:[72]

Jahrelang war ich neurotisch. Ich war ängstlich und depressiv und selbstsüchtig. Und jeder sagte mir immer wieder, ich sollte mich ändern. Und jeder sagte mir immer wieder, wie neurotisch ich sei.

Und sie waren mir zuwider, und ich pflichtete ihnen doch bei, und ich wollte mich ändern, aber ich brachte es nicht fertig, sosehr ich mich auch bemühte.

Was mich am meisten schmerzte, war, dass mein bester Freund mir auch immer wieder sagte, wie neurotisch ich sei. Auch er wiederholte immer wieder, ich sollte mich ändern.

Und auch ihm pflichtete ich bei, aber zuwider wurde er mir nicht, das brachte ich nicht fertig. Ich fühlte mich so machtlos und gefangen.

---

71 Ein Teilnehmer eines Seminares erwähnte diesen Satz. In seinem MBSR-Kurs schloss mit diesem Satz immer der sogenannte *body scan* ab.

72 Anthony de Mello: *Warum der Vogel singt. Weisheitsgeschichten.* Freiburg: Herder Verlag, 7. Aufl. 1995, S. 55.

Dann sagte er mir eines Tages: „Ändere dich nicht. Bleib, wie du bist. Es ist wirklich nicht wichtig, ob du dich änderst oder nicht. Ich liebe dich so, wie du bist. So ist es nun einmal."

Diese Worte klangen wie Musik in meinen Ohren: ‚Ändere dich nicht, ändere dich nicht… ich liebe dich.'

Und ich entspannte mich, und ich wurde lebendig, und Wunder über Wunder, ich änderte mich! Jetzt weiß ich, dass ich mich nicht wirklich ändern konnte, bis ich jemanden fand, der mich liebte, ob ich mich nun änderte oder nicht.

„Liebst du mich auf diese Weise, Gott?" fragt de Mello am Ende dieser Geschichte. Und wir können weiter fragen: Können wir so unser Kind lieben? Und noch weiter: Können wir anfangen, uns selbst so zu lieben?

Wenn es uns mit der Achtsamkeit nicht schnell genug geht, wenn wir zu wenig Fortschritte sehen, noch keine Früchte, von denen wir uns etwas abbeißen könnten (Geduld, Gelassenheit, Gleichmut, Mitgefühl, Präsenz…), dann können wir uns trösten mit der Haltung, die wir mit unseren Kindern einnehmen wollen: Ein liebevoller Gärtner sein, der nur immer wieder geduldig am Boden arbeitet und die gute Erde unterstützt. Am Boden arbeiten heißt, immer wieder mit dem Kontakt aufzunehmen, was jetzt und hier gerade im Vordergrund ist. Nichts leisten, nichts Spektakuläres erwarten, nichts forcieren, nichts tun, was jetzt und hier gar nicht Thema ist. Und wenn wir zurückkehren zu diesem einzig wirklichen Moment, dann sind wir ohnehin schon mitten in unserer Übung. Wir können gar nicht anders üben. Der Gärtner weiß, dass er alles nur schlimmer macht, wenn er versuchen würde an dem zarten Pflänzlein zu ziehen. Wachstumsprozesse können nicht erzwungen oder aktiv herbeigeführt, *gemacht* werden. Auch bei uns selbst nicht. Wir können wir letztlich nur still werden und lieben.

Anfangen und Ankommen

„Allem Anfang wohnt ein Zauber inne", lautet ein oft zitierter Gedichtvers von Hermann Hesse. Viele Eltern erleben die Geburt ihrer Kinder als diesen wunderbaren Zauber. Und auch die ersten Tage und Wochen mit einem Baby können Eltern aus ihrem gewohnten Leben herausholen, „aufwachen" lassen. Aber manchmal würden wir auch gerne ein bisschen länger schlafen…, die Kinder werden älter, schon die Babys brauchen viel Aufmerksamkeit und nicht selten erleben Eltern schon sehr früh ihre körperlichen Grenzen und erste Schwierigkeiten: Wenig Schlaf, Doppelbelastungen von Pflege und Beruf, weniger Zeit für sich selbst und für die Partnerschaft können manche Krisen heraufbeschwören. Ständig für einen kleinen Menschen zuständig und verantwortlich zu sein ist kein Kinderspiel und verlangt von uns viel Kraft und Einsatz. Gerade hier ist es wichtig, wo und wie immer möglich, auch gut für sich selbst zu sorgen und Unterstützung zu suchen. Das bedeutet auch, sich immer wieder bewusst zu machen, woran wir uns in der Begleitung und im Zusammenleben mit unseren Kindern orientieren. Dabei können auch Bücher und Elternbildung helfen. Und zugleich müssen wir bei allen Ratgebern gut schauen, was zu uns passt, was überhaupt für unsere persönliche Situation möglich und stimmig ist, und was unser Herz dazu sagt. Wie oft machen wir die Erfahrung, dass wir etwas „anwenden" wollen und dabei Schiffbruch erleiden. Das soll uns nicht mutlos machen. Es kann uns helfen, das Wesentliche nicht aus dem Auge zu verlieren.

- Wir können immer wieder anfangen. Unsere Kinder geben uns – gerade in schwierigen Phasen – immer wieder die Gelegenheit, ähnliche Situationen noch einmal zu erleben und ggf. eine kleine Kursänderung vorzunehmen.
- Es geht darum, *an*zukommen statt weiterzukommen. Damit ist gemeint, was hier immer wieder als Achtsamkeit beschrieben ist: ankommen in genau diesem Augenblick, ankommen

> in meinem Körper, spüren, was in mir ist, ankommen bei meinen Gedanken, Bildern und Vorstellungen, erkennen also, was mich gerade leitet oder auch ablenkt, ankommen bei meinen Gefühlen. Im Grunde einfach mal anerkennen, dass ich so bin, wie ich bin, dass es mir so geht, wie es mir gerade geht.

Wenn wir also bei unseren Kindern keine „How-to-Pädagogik" (Kochbuch, Ratgeber und Bedienungsanleitung) anwenden, brauchen wir auch für unsere eigene Entwicklung kein Programm verfolgen, das jederzeit messbare Werte und Ergebnisse liefert. Und dann wird es sich manchmal so anfühlen, als würden wir nicht *weiter*kommen. Ähnlich wie bei den Beispielen mit den Perlen brauchen wir mehr Geduld, wenn wir auch für uns selbst keine Hau-Ruck-Lösungen wollen. Dafür kommen wir mehr und mehr *an* und können freundlich forschen, was denn gerade passiert. Wie in der formalen Praxis der Meditation schalten wir auf „Empfang". Wir nehmen uns zurück und können vielleicht auch mit unseren Kindern lernen nicht immer gleich etwas *tun* zu müssen (vergleiche Kapitel 4). Das mag am Anfang ungewohnt sein und hat doch etwas Leichtes. Es lässt los, gibt Raum und Zeit, eröffnet Gelassenheit. Und Entfaltung: Wenn wir mit uns selbst und mit unseren Kindern geduldiger werden, können sich die Dinge entfalten, anstatt dass wir daran arbeiten, möglichst schnell weiterzukommen. Wie beim Paradox Akzeptanz und Veränderung so ist es auch hier: Je langsamer wir werden in unseren Reaktionen, in unserer Fixierung auf schnelle Lösungen und je gelassener mit unseren eigenen Ansprüchen und Idealen, desto eher kann sich tatsächlich etwas entwickeln. Je langsamer wir also werden, desto schneller kommen wir weiter. Wirkliche Entwicklung geschieht, wie Rebeca und Mauricio Wild immer betonten, „von innen nach außen". Wirkliche menschliche Entwicklung können wir nicht machen, auch nicht mit den modernsten Methoden. Wieder ist das Einzige, was wir tun können, die Arbeit des Gärtners: Erkennen lernen, was der Boden braucht und wie wir für entspannte Beziehungen sorgen können – zu unseren Kindern und sozusagen auch zu uns selbst. Bedingungslose Liebe und Aufhören einander verändern zu wollen sind wie in der Geschichte von de Mello auch hier der Nährboden.

Staunend unterm Apfelbaum

Vor vier Jahren wechselte unser Sohn wie viele seiner KollegInnen von unserer freien Schule in eine weiterführende Schule. Nach meinem ersten Elternsprechtag in meiner Karriere als Vater entstand der folgende Text:

Ein alter Mann riet mir einmal: Jedes Jahr sich einmal unter den Apfelbaum legen, wenn er blüht. Und ich merke das erst seit einigen Jahren: Die Tage im Mai, an denen sich diese riesigen Blumensträuße in weiß-rosa entfalten, gehen schnell vorüber. Und so schnell hat man es auch wieder verpasst. Noch ein Föhnsturm, und die Blütenblätter liegen wie weiße Konfetti auf der Wiese verstreut.

Jetzt sitze ich gerade unter einem der wunderbaren Apfelbäume in unserem Garten und denke an gestern, als es mir im übertragenen Sinne so ging, als ich zum ersten Elternsprechtag an der neuen Schule ging, die unser Sohn nun besucht, nach neun Jahren an „unserer" privaten freien Schule, die 1991 gegründet wurde – ebenfalls von Montessori und Wilds inspiriert. Dabei war die Blüte nicht zu erwarten und für mich von außen nicht zu sehen. Ich hatte eigentlich gar keine große Lust hinzufahren, raffte mich aber dann doch auf, schwang mich auf Jonas gutes Fahrrad und trat den weiten Weg zu seiner Schule an.

Vor den Türen der wichtigen FachlehrerInnen saßen aufgefädelt die Mütter und Väter und warteten wie vor den Beichtstühlen in der Kirche.

Schon die erste Mama, die mich noch von dem kurzen Gespräch beim ersten Elternabend bald nach Schulbeginn wiedererkannte, meinte gleich: „Ja, der Jonas, der ist ja so ein Braver." Ich musste lachen und meinte: „Ach ja? ... Wie geht es denn eurem Sohn?" Der wäre nicht so brav, meinte sie.

Nicht nur, dass Jonas so ein „Braver" sei, irritierte mich (zumal wir diese Vokabel eigentlich von Anfang an nicht in unserem Erziehungswortschatz führten), sondern dass sie überhaupt etwas über unseren Sohn wusste. Ich wusste ja so gut wie gar nichts. Nichts von ihm – außer dass es ihm schulisch (genauer gesagt, was seine Noten betraf) recht gut ging. Geschweige denn von einem Schulkameraden! Aber da ich im Zeitalter von *facebook* mittlerweile schon daran gewöhnt bin, dass alle Welt mehr über meinen Sohn weiß als ich, der ich nicht auf *facebook* zu finden bin (was Jonas nicht sehr schmerzen dürfte), nahm ich es mir nicht so zu Herzen. Ich war aber dann doch gespannt, was denn die Herren und Damen ProfessorInnen, wie das in Österreich heißt, über ihn zu sagen hatten. Nach 15 Jahren relativer Vertrautheit – Kindergartenzeit mit den eigenen Eltern und neun Jahre Schulzeit mit freundschaftlicher Beziehung zu den LehrerInnen in seiner Schule – war es schon spannend, wie völlig fremde Menschen ihn sahen, die ihn nun seit acht Monaten als Schüler in ihrer Klasse hatten.

Ich suchte mir zuerst das Lehrerzimmer mit der kürzesten Warteschlange davor und fand es erstaunlicherweise bei der Englischlehrerin im 2. Stock. Diese schien ihrerseits etwas irritiert und wirkte wie verunsichert, dass ich gekommen war. Es gab ja kein Problem. Im Laufe der kurzen Begegnungen mit den LehrerInnen wurde mir erst klar, dass sie fast alle eigentlich nur auf die

Besprechung von Schwierigkeiten warteten. Ich war eigentlich nur gekommen, um zu hören, wie sie denn Jonas wahrnahmen. Aber „wahrnehmen, was ist," ist schwer in einem Kontext, in dem alle darauf geeicht sein müssen, was *nicht* ist. Schon die erwähnte Mutter meinte ja sinnigerweise (an meiner Frage vorbei, wie es denn ihrem Sohn gehe), dass er *nicht* so brav sei … *Nicht urteilen* und *nicht wissen* ist auch für LehrerInnen unmöglich in einem Kontext, in dem es letztlich um Stoffvermittlung, Noten und das schulische Weiterkommen geht. Was mich an den LehrerInnen unserer freien Schule immer faszinierte, was sie zentral als ihre Aufgabe wahrnahmen, war genau das, was hier nicht Thema war: wirklich *sehen,* was hinter Verhalten und Schwierigkeiten und jenseits von Noten (auch von guten Noten!) im Herzen dieser jungen Menschen vor sich geht. Glücklicherweise gibt es auch an Jonas Schule immer einzelne LehrerInnen, die sich diese Offenheit und Zuwendung zu den jungen Menschen erhalten haben.

Nachdem sie etwas aufgetaut war und sich vielleicht auch nicht mehr sorgte, dass ich von ihr was wollen oder Kritik anbringen könnte, erklärte mir die Englisch-Lehrerin im Laufe der Zeit bereitwillig, wie „ehrgeizig" Jonas sei, dass er sich über Fehler ärgern würde, wenn sie ihn darauf hinwies; dass er aber in Sprache, Ausdruck und Wortschatz der Beste sei und gewissermaßen ein Niveau höher läge als der Rest der Klasse und jedenfalls bestens gerüstet sei für das nächste Schuljahr.

Aha, als „ehrgeizig" hätte ich ihn noch nie beschrieben, aber dass er gewisse Ansprüche hat an das, was er tut, war mir schon bekannt. Auch dass er sich diese Sprache auf wundersame Weise in Wortschatz, Sprachgefühl und Grammatik angeeignet hat, hatte ich schon mitbekommen. Wundersam deswegen, weil er die ganze Primariazeit (1. bis 5. Schuljahr) über keinerlei spielerische Angebote diesbezüglich angenommen hatte und eigentlich erst die letzten zwei Jahre einmal pro Woche an den zwei Schulstunden Englisch im Rahmen der Vorbereitung auf den Wechsel in eine weiterführende Schule teilnahm. Aber zu unserem Bedauern auch das mit wenig Einsatz und ohne große Leidenschaft. Für den Großteil des Spracherwerbs muss also eher so etwas wie der „absorbierende Geist" (Montessori) verantwortlich gewesen sein.

Der Biologie-Lehrer setzte dann noch eins drauf, als er fast feierlich erklärte, dass Jonas einfach in allen Belangen das mitbringe, was man sich als Lehrer wünsche. Und so ging es weiter mit der Einschätzung des Deutschlehrers, Jonas sei sicher der beste Schüler in der Klasse, und sogar in Mathematik, das nun wirklich nicht zu Jonas Leidenschaften zählt, schwärmte die Lehrerin von seiner eifrigen Mitarbeit und davon, dass er am verantwortungsvollsten von allen mit Hausaufgaben umgeht. So freuten mich nicht nur die schulischen Einschätzungen, sondern auch die Hinweise auf seinen interessierten und kritischen Geist, sein Mitdenken und seine Wachheit bei allen Fächern, deren LehrerInnen ich hörte, und vor allem sein vorbildliches soziales Verhalten, gerade dort, wo jemand in schwieriger Zeit jemanden brauchte, wie sein Religionslehrer es beobachtet hatte.

Ich kam also aus dem Staunen nicht mehr heraus und wusste nicht, ob ich jetzt „stolz" sein durfte oder sollte. Jedenfalls war ich berührt, dass Jonas bei diesen fremden und so unterschiedlichen Menschen so einen schönen Eindruck hinterließ. Alle meine Fragen jedenfalls und gelegentlichen Zweifel oder Ängste, wo Jonas eigentlich in seiner Entwicklung steht, erschienen mir plötzlich als unberechtigt, ausgeräumt, ja gewissermaßen „entlarvt", weil ich sie mir großteils gar nicht eingestanden hätte. Und es mischte sich unter die Freude, die Dankbarkeit und das Staunen auch so etwas wie ein schlechtes Gewissen oder Beschämung über meine immer wiederkehrenden überhöhten Ansprüche, meine Unzufriedenheit und meinen gelegentlichen Undank zu unserer Schule hin sowie zu Jonas selbst, der sich offensichtlich redlich bemühte, die in unserem Umfeld gewachsenen Werte zu pflegen und das weiterzugeben, was er empfangen hatte.

Nun ist das Feedback zu Jonas natürlich (aus Elternsicht und aus der Sicht unserer Schule) der Idealfall. Es ist auch nicht der

Regelfall – wenngleich ähnliche Rückmeldungen zu Persönlichkeit und sozialem Verhalten bei AbsolventInnen freier Schulen tatsächlich immer wieder zu hören sind. Auch andere AbgängerInnen über all die Jahre haben ihren Weg in andere Schulen oder in eine Lehre gemacht, und es ist immer wieder zu hören oder selbst zu erfahren, wie offen und reif sie uns menschlich begegnen.

Letzteres ist der größte Grund zur Freude. Denn längst nicht alles, was hier an so einem Übergang zwischen unserer Schule und dem weiteren Weg der Jugendlichen sichtbar wird oder gar in Noten gemessen und in der Einschätzung der LehrerInnen ausgedrückt wird, ist ein gültiger Maßstab dafür, wie es den jungen Menschen geht oder was sie im Innersten ausmacht. Viel zu einseitig bleibt der schulische Wertekanon hier für das, was uns zu erfüllten und glücklichen Menschen macht.

Natürlich gehen längst nicht alle unsere AbgängerInnen mit Leichtigkeit die nächsten Schritte. Manchmal stehen sie vor größeren Herausforderungen. Und manchmal ist es erstaunlich, wie sie diesen Sprung bewältigen, wenn sie überzeugt sind, dass sie den richtigen Schritt tun.

Aber es gibt auch SchülerInnen, die mit den an sie gestellten Erwartungen gar nicht zurechtkommen und keine entsprechenden „Leistungen" vorweisen können, weil es Hindernisse im Laufe ihrer Entwicklung gab oder weil schlicht manche Voraussetzungen fehlen, um die Standards zu erreichen, die allseits gefordert werden. Das ist wichtig auch im Blick zu haben, damit wir nicht glauben, dass bei uns in der Schule oder auch schon im Kindergarten alles heile Welt ist. Tatsache ist auch, dass das Spektrum unserer Kinder so weit auch nicht abweicht von dem öffentlicher Bildungseinrichtungen. Eher ist es so, dass wir damit rechnen müssen, tendenziell immer mehr Anfragen von Eltern zu bekommen, deren Kinder von vornherein mit Schwierigkeiten im traditionellen Bildungssystem zu rechnen haben oder bereits mittendrin sind. All das sagt aber noch überhaupt nichts aus über die jungen Menschen hinter diesen „Defiziten",

„Schwächen" und „Behinderungen" – seien sie diagnostiziert und medizinisch oder psychologisch oder behördlich „anerkannt" oder nicht. Und auch wenn dann manchmal die berechtigte Frage auftaucht, ob wir in unseren Einrichtungen etwas versäumt hätten, zu spät gesehen oder zu wenig beachtet, gefördert oder sonst wie reagiert hätten, ist auch immer die Rückfrage erlaubt: Wäre ein Herumreiten auf diesen Defiziten, ein „Abklären" und Fördern „auf Teufel komm raus" besser gewesen? Besser in welchem Sinn? Selbst wenn vielleicht minimale Fortschritte in den defizitären Bereichen zu erreichen gewesen wären, dann um welchen Preis? Was ist mit den anderen Bereichen des menschlichen Lebens, dem Künstlerischen, Kreativen, der Fantasie oder auch dem Lebenspraktischem, dem Erlernen und der Übung ganz trivialer, praktischer Dinge des Alltags und Schritte hin zu einem selbstständigen Leben?

Wir müssen nicht alles auf eine Karte setzen, nur weil diese vielleicht in der gesellschaftlichen Wahrnehmung wichtiger ist als die anderen. Es bleibt zu hoffen, dass dennoch die menschliche Seite auch in diesen Fällen Früchte getragen hat: Vor allem der respektvolle Umgang, das Angebot einer authentischen Beziehung, der Verzicht auf Leistungsdruck und auf den Wettkampf des Vergleiches (Noten!), und immer das Bemühen um den Vorrang der Liebe gegenüber der Macht und der Angst.

Die Mär vom Hänschen und vom Hans und davon, dass der Mensch – sobald er/sie sechs Jahre alt ist – nur noch lernt, wenn da eine/r unterrichtet, wenn genügend Druck, Kontrolle und Drill da ist, und dass nur die Besten weiterkommen und der Kampf um die besten Plätze schon früh beginnen muss, hält sich mit unglaublicher Hartnäckigkeit. Es ist sehr schade, dass die Erfahrung unserer Schulen nicht ernster genommen wird. Die Vorträge der Neurobiologen zu Bildung und deren Rahmenbedingungen sind gut besucht. Dass es Schulen gibt, die das, was die heutige Leitwissenschaft immer lauter einfordert, schon lange in den Schulalltag umsetzen, wissen die wenigsten oder mögen es einfach nicht glauben. Dabei wäre es entscheidend, *Erfahrungen* weiterzugeben, anstatt nur immer wieder darüber zu reden, was sich ändern müsste.

Entscheidender für mich aber und unsere Schule ist die spürbare Erleichterung: Wenn wir wirklich auf unsere „wunderbaren Jugendlichen“ (wie sie unsere Sekundaria-Lehrerin immer wieder nannte) schauen, die nun aus unserer Schule hinausgewachsen sind, und wenn wir zurückschauen auf deren Primaria-Zeit, dann macht sich Gelassenheit breit. Wie viele Krisen haben wir dort durchlebt! Wie viele Zweifel kamen auch uns, als Jonas lange Zeit nur auf dem Schulsofa saß und sich hinter Donald Duck & Co versteckte. Wie viel Unsicherheit gibt es immer wieder auch unter Eltern einer freien Schule, ob nicht diese oder jene Veränderung in der Schule nötig wäre, ob nicht doch zu viel Fußball und zu wenig Kulturtechniken, ob nicht doch die sozialen Prozesse zu viel und das „richtige“ Lernen zu wenig Platz einnimmt usw.

So falsch kann das alles dann doch nicht gelaufen sein. Und so sehr wir es uns manchmal wünschen, vielleicht sind respektvolles Miteinander, soziale Kompetenz, selbstverantwortlicher Umgang mit schulischen Anforderungen sowie bleibendes Interesse und kritischer Geist nicht immer auf geradlinigem Weg und sozusagen „in aller Ruhe“ zu erwerben. Sie reifen in einem manchmal turbulenten Wechselspiel von Reibung und Gelassenheit, Trennung und Nähe, Konflikt und Verständnis, Gefordertsein und Loslassen und in einem zähen Ringen um Freiheit und Grenzen, Liebe und Verantwortung. Und damit kommen wir zurück zur Einladung der Achtsamkeitspraxis, sich auch mit den Momenten zu verbinden, die schwierig sind: „Der gegenwärtige Augenblick ist, wie er ist. Immer. Kannst du ihn zulassen?“[73]

---

73 Eckhart Tolle: *Stille Spricht. Wahres Sein berühren.* München: Wilhelm Goldmann Verlag, 2. Aufl. 2003, S. 48.

Die Gelegenheit nicht zu verpassen, die Schönheit blühender Apfelbäume zu betrachten. Diesem Rat des alten Mannes ist gut folgen. Sei es im Blick auf meine eigenen Kinder wie auf unsere pädagogische Arbeit. Dazu hilft manchmal der Blick von außen, wenn die eigenen Augen ein wenig betriebsblind und matt geworden sind vom ständigen Schauen nach unten. Da ist es gut, wenn jemand kommt, dich an der Schulter berührt und sagt: Schau doch mal nach oben, über dir, die Blüten. Wie wunderbar sie duften!

Dank

„Um ein Kind großzuziehen, braucht es ein ganzes Dorf", ist ein viel zitierter Spruch aus Afrika. Um ein Buch zu schreiben, müssen auch viele zusammenarbeiten und einander inspirieren. Ohne die Hilfe vieler und ohne die Bereitschaft, mir immer wieder den Rücken freizuhalten, hätte dieses Buch nicht geschrieben werden können. Wie eingangs schon erwähnt, beschreibe ich hier im Grunde meinen eigenen Übungsweg der vergangenen 20 Jahre. Ich sehe mich weder als Erziehungsexperten noch als einen besonders begabten Pädagogen. Aber ich hatte das Glück, eine wunderbare Frau zu treffen und nicht nur mit ihr drei Kinder geschenkt (besser *geliehen*) zu bekommen, sondern Priska auch als Kollegin in der Zusammenarbeit im Kindergarten und darüber hinaus erleben und von ihr lernen zu dürfen. So konnte ich mir ein Stück ihrer Offenheit, ihres hellwachen Interesses und ihrer Zugewandtheit zu Kindern zu eigen machen, um den großen Schatz darin für Momente zu heben. Ohne sie hätte ich vielleicht nie mit Kindern gearbeitet, ohne sie wäre dieses Buch nicht möglich gewesen. Nicht nur, dass sie mir so oft den Rücken freigehalten hat. Auch an der endgültigen Fassung hat sie durch ihr kritisches Korrekturlesen großen Anteil. Ihr gilt meine größte Liebe und der größte Dank für dieses Buch.

Meinem Zwillingsbruder Christian verdanke ich eine Verbundenheit, wie sie nur Zwillinge kennen. Es ist wunderbar, wie sich unsere Wege immer wieder verknüpfen und wie nun das, was wir unabhängig voneinander entwickelt und erfahren haben, in eine gemeinsame Arbeit fließt (*www.cordat.org*). Meiner Schwester Alexandra danke ich für die bleibende Verbindung in der Tiefe, die alle scheinbare Entfremdung überdauert. Meinen Eltern Monika und Erich verdanke ich eine behütete Kindheit und zugleich eine wertvolle Balance zwischen Zugewandtheit und gesundem Abstand, sowie eine bleibende Freundschaft. Gerade die letzten Jahre haben wieder gezeigt, wie stark unser Band ist, und wie sehr wir Kinder uns auf sie verlassen können, selbst wenn das Leben nah am Abgrund wandelt. Auch Christoph, Jacob und Priskas Schwester, Maria, und ihre Eltern Erika und Hubert waren immer Teil unseres „Dorfes", das es für ein Leben mit Kindern braucht. Danke euch allen!

Der Zündfunke für meine Entscheidung, selbst mit Kindern zu arbeiten, war eine Begegnung mit Rebeca und Mauricio Wild bei einer Tagung zusammen mit Anna Tardos, der Tochter von Emmi Pikler. Damals war unser erstes Kind im zweiten Lebensjahr und ich bin eigentlich nur mitgefahren, um für Jonas dazusein, damit Priska an der Tagung teilnehmen konnte. Dann übernahm Priska aber doch manchmal länger Jonas und ich durfte währenddessen hineinschnuppern. Mauricio faszinierte mich durch seine leidenschaftliche Art, pädagogische, wirtschaftliche und spirituelle Fragen zu verknüpfen, Anna Tardos durch die zugleich wissenschaftlichen wie menschlich zutiefst berührenden Aspekte ihrer Arbeit mit Säuglingen, Rebeca durch die unglaubliche Vielfalt und Schönheit ihrer pädagogischen Arbeit und der wissenschaftlichen Reflexion darüber, sowie durch die große Klarheit und innere Ruhe, die sie ausstrahlte.

Rebeca Wild ist am 1. November 2015 gestorben, während ich an diesem Manuskript arbeitete. Mit ihr ist eine meiner wichtigsten Lehrerinnen gegangen, dankbar erinnere ich mich an die

Begegnungen mit ihr in Seminaren und Tagungen. In ihren Büchern lebt für mich der Geist Montessoris weiter und bleibt uns die umfassende Weisheit erhalten, die in ihrer gemeinsamen Arbeit mit Mauricio mit Kindern und Jugendlichen, aber auch mit den Erwachsenen gereift ist. Sie beide waren mit ihrer fundierten Auseinandersetzung und ihrem unglaublichen Engagement für mich ein leuchtendes Vorbild, und sie haben gezeigt, wieviel Energie freiwerden kann, wenn man sich als Paar einer gemeinsamen Aufgabe zutiefst hingibt.

Schon in den ersten Jahren meiner Arbeit mit Kindern habe ich das Schreiben für mich wiederentdeckt. Die Jahre der essentiellen Gestaltarbeit mit Katharina Martin waren für mich tatsächlich „essentiell“. In dem Sinn nämlich, meine eigene Spur zu finden und ihr zu trauen. Dafür bin ich Katharina und Lienhard Valentin zutiefst dankbar. Lienhards Arbeit im Freundeskreis *Mit Kindern Wachsen,* im Arbor-Verlag und mit Arbor-Seminare verfolge ich seit bald 20 Jahren und sie bleibt für mich eine Quelle der Inspiration.

Und schließlich waren es Lienhard und Katharina, die mir eine Fährte gelegt haben, mein spirituelles Interesse mit meiner pädagogischen Arbeit zu verbinden, sowie meine spirituelle Praxis und mein Studium im Licht der Achtsamkeitspraxis neu zu buchstabieren. Damit war schon früh die Lust und die Spur für dieses Buch gelegt. Bedanken möchte ich mich auch bei allen freundlichen MitarbeiterInnen im Arbor-Verlag sowie bei Anja Brink für ihr genaues Korrekturlesen, ihr Wohlwollen und ihre kritischen Anregungen – sowohl auf inhaltlicher als auch stilistischer Ebene. Und vor allem: Thanks for being a buddy! Wer hätte gedacht, dass wir bei der Grundausbildung Achtsamkeit am Ende nicht nur singen, sondern auch noch gemeinsam an einem Buch arbeiten würden?

Lienhard war es auch, der mich zufällig mit Fred Donaldson in Kontakt gebracht hat. Der Kontakt war nachhaltig, *original play* ließ mich eine neue Welt in der Arbeit mit Kindern entdecken.

Fred und seiner Mitarbeiterin Jolanta Graczykowska danke ich von Herzen für alles, was ich mit ihnen erfahren und kennenlernen durfte. Sie beide haben sich dem Geist und der Spiritualität von *original play* verschrieben und ihre Seminare in Warschau (www.originalplay.eu) haben mich und meine KollegInnen so nachhaltig inspiriert, dass wir darauf aufbauen und Teil dieser wunderbaren Arbeit sein können. Dabei bleiben wir nicht nur über unsere gemeinsame Arbeit, sondern auch durch die über viele Jahre gewachsene Freundschaft von Herzen verbunden. Danke allen, die sich tiefer auf das Abenteuer des Ursprünglichen Spiels eingelassen haben, vor allem Sonja Mille, Rainer Deutner und Robin Riess, die das Netzwerk in Österreich aufgebaut haben (www.originalplay.at), sowie Uwe Reisenauer in Hamburg (www.originalplay.de). *Original Play* ist mittlerweile zu einem Netzwerk geworden und ich danke hier allen, die mich dabei über die Jahre unterstützt haben, vor allem Petra Winterer, Christine Bildstein, Monika Dorner, Monika Schmitt, Barbara und Familie Leitenbauer, Christof Weber und Oana Strauss in Vorarlberg, sowie Marie-Luise Mitterberger und das Eltern-Kind-Zentrum Innsbruck.

Last but not least gilt mein Dank den Kindern! Zuallererst meinen eigenen drei Kindern, die mit mir manches mitmachen mussten, die mich auf manche Probe stellten und mit denen ich immer wieder ein sehr langsamer Lerner war. Wir sind ja noch lange nicht fertig und ich komme mit ihnen auch gar nicht auf die Idee, dass ich es jetzt endlich „checke“. Wie recht meine Jüngste hat: „Papa, du checkst es einfach nicht!“ Auch wenn es mich manchmal fuchsteufelswild macht, wenn sie das sagt…

Sowohl in unserem Kindergarten, als auch in unserer Schule wusste ich meine Kinder immer in guten Händen und liebevoll begleitet. Ihr aufmerksamer und liebevoller Blick auf sie war und ist für mich von großem Wert und hat mich auch als Pädagoge immer wieder an das Wesentliche unserer Arbeit erinnert. Erwähnen möchte ich hier für unsere Schule stellvertretend für alle vor und nach ihnen Veronika Prantl, Christine Abdel-Halim und Anna Messner. Euer Hinschauen, euer *Sehen,* euer *Nicht-Urteilen* und *Nicht-Wissen* war unglaublich!

Mein Dank gilt auch allen Kindern, mit denen ich gearbeitet habe. Denen, die mich im Herzen berührt haben, und denen, mit denen ich mich schwer getan habe. Alle waren wichtig, um mich weiterzubringen. Immer, wenn ein Kind gerade im Kindergarten eine schwierige Zeit hatte und die Eltern verzweifelt dreinschauten, sagte meine damalige Kollegin Verena Stöckler zu ihnen: „Und was lernt dein Kind jetzt gerade?" Das gilt auch für uns, wenn wir in Schwierigkeiten sind. Danke für diese Frage, Verena! Mein besonderer Dank gilt also all den Kindern in „unserer" *Kinderwerkstatt Grätschenwinkel,* und darüber hinaus den SchülerInnen der *Lindenschule,* den SchülerInnen der *Freien Montessorischule Altach,* sowie den vielen Kindern in Warschau, die mit mir gespielt haben. Zugleich natürlich danke ich all meinen Kolleginnen, den LehrerInnen und den Eltern, mit denen ich arbeiten durfte. Auch wenn es Konflikte und Schwierigkeiten gab, überwog die konstruktive Zusammenarbeit und die Freude an gemeinsamen Aufgaben bei weitem! Viele Geschichten mit Kindern würden im Alltag untergehen und könnten nie geschrieben werden, wenn sie nicht geteilt und gemeinsam reflektiert würden. Und sie könnten erst gar nicht wachsen, wenn unsere Arbeit mit Kindern nicht den Nährboden einer respektvollen und authentischen Partnerschaft, sowie einer gemeinsamen Liebe und Freude hätten, mit Kindern zu leben und zu arbeiten. Diese gemeinsame „Schwingung" habe ich in unserer Schule und unserem Kindergarten immer erlebt, aber auch in ähnlichen Einrichtungen und mit deren Verantwortlichen. Erwähnen möchte ich in diesem Zusammenhang das ganze Team von *montessori.coop* in Bozen-Kohlern. Eure Arbeit, eure fundierte Auseinandersetzung, euer lebendiges Interesse an allem, was das Leben mit Kindern ausmacht, ist in eurem Kindergarten- und Schulprojekt zu spüren. Danke vor allem euch, Mathias Stuflesser und Thea Unteregger, für alle Inspiration und Freundschaft!

Zuletzt ein Dank meinen spirituellen Lehrern und Lehrerinnen, den bereits mehrfach erwähnten Lienhard Valentin, Katharina Martin und O. Fred Donaldson, sowie dem leider viel zu früh verstorbenen Br. Wolfgang Thienen und Sr. Huberta Rohrmoser, die mich in den kontemplativen Gebetsweg eingeführt bzw. viele Jahre begleitet haben. Es geht so viel Weisheit, Friede und Lebenskraft von euch allen aus!

Literatur aus dem Arbor Verlag

Donaldson, O. Fred

Von Herzen spielen

Die Grundlagen des ursprünglichen Spiels

Kinder spielen. Sie müssen es nicht „lernen", sie „nehmen es sich nicht vor". Doch schon in frühester Kindheit wird das ursprüngliche Spiel von den kulturellen Praktiken vereinnahmt und ersetzt.
Der Wettbewerb wird zur Leitschnur, und Praktiken, die der Erwachsenenwelt entstammen, verdrängen mehr und mehr die ursprüngliche Verbindung der Herzen zweier Spielender. Im ursprünglichen Spiel gibt es, fern jedem Wettbewerb, weder Gewinner noch Verlierer – Spiel ist eine Interaktion, die aus dem jeweiligen Moment heraus entsteht, aus der Beziehung. Donaldsons Grundlagenwerk über die Sprache des Spiels skizziert das Spiel als einen einzigartigen und praktischen Weg, Zugehörigkeit und Verbundenheit zu erfahren – eine Verbundenheit, die die meisten von uns seit frühester Kindheit vergessen haben.

O. Fred Donaldson gilt als Spezialist zum Thema Spielen und genießt weltweit Anerkennung für seine Spielforschung, deren Erkenntnisse seiner jahrelangen Spielerfahrung mit Kindern, Jugendlichen, Erwachsenen, aber auch wilden Tieren (Wölfen, Kojoten, Grizzlybären, Delphinen) entspringen.
Er hat den Begriff des „Ursprünglichen Spiel" geprägt, womit er ein Spielen meint, das aus dem jeweiligen Moment heraus entsteht, aus der Beziehung miteinander, jenseits von kulturell geschaffenem und erlerntem. Er ist Buchautor und leitet weltweit Seminare zu diesem Thema (siehe auch: www.originalplay.eu).

ISBN 978-3-936855-12-8

Susan Kaiser Greenland

Wache Kinder

Wie wir unseren Kindern helfen, mit Stress umzugehen und Glück, Freude und Mitgefühl zu erleben

Einzigartige und effektive Praktiken für den Alltag, die den Einfallsreichtum, das Konzentrationsvermögen und die Belastbarkeit von Kindern und Jugendlichen beleben.
Jede Mutter und jeder Vater sollte Wache Kinder lesen, das praktische Strategien vermittelt, wie man Jungen und Mädchen beibringt, mit Stress umzugehen und ihre Aufmerksamkeit auf das zu richten, worauf es wirklich ankommt.
Ein Gegenmittel zur rechten Zeit – gegen die hyperaktive Kultur der supervernetzten Turbokids, die abgekoppelt von sich selbst und anderen durch eine seelenlose Welt treiben.
Anhand wahrhaft packender Beispiele lädt Susan Kaiser Greenland uns ein, unser Leben zu öffnen – hinein in den Erfahrungsraum der Achtsamkeit, als einem Gesundheit fördernden, Stress reduzierenden und Mitgefühl erzeugenden Weg.

Ein grandioses und vor Einfallsreichtum berstendes Destillat der Essenz der Achtsamkeit – in einer altersgerechten, weisen und spielerischen Form zugänglich gemacht für Kinder, Eltern und Lehrer.

Jon Kabat-Zinn

Eines der besten Bücher über Achtsamkeit für Kinder, das ich jemals gelesen habe.

Jack Kornfield

ISBN 978-3-86781-047-0

Naomi Aldort

Von der Erziehung zur Einfühlung

Wie Eltern und Kinder gemeinsam wachsen können

Liebe, emotionale Sicherheit und Selbstbestimmtheit sind die größten Geschenke, die wir unseren Kindern mit auf den Weg geben können. Doch oft gelingt uns das nicht. Zwar sind wir es leid, ständig zu schimpfen, Konsequenzen anzudrohen oder sonstwie Druck auszuüben, doch alle Welt scheint davon überzeugt zu sein, dass es eben leider nicht anders geht.
Naomi Aldort belehrt uns eines Besseren. Sie zeigt uns, wie wir den alltäglichen Erziehungskampf beenden, die Waffen niederlegen und dennoch dafür sorgen können, dass unsere Kinder gedeihen und zu einem verantwortungsvollen Menschen heranwachsen. Doch hier erwartet Sie keine neue Anleitung, wie man Kinder auf möglichst angenehme und einfache Art und Weise steuern kann. Es geht um mehr, es geht um's Ganze – es geht um eine andere Art mit Kindern zu leben.
Im Mittelpunkt dieses Ansatzes steht ein wirkliches Verständnis für das Kind, das ihm erlaubt, selbst sein Bestes zu geben. Und zwar nicht, weil es Strafe fürchtet oder gefallen möchte, sondern aus seinem eigenen freien Willen heraus. Weil es sich verstanden fühlt und frei entfalten darf. Nicht Kontrolle ist das Ziel von Erziehung, sondern wahre Kooperation.
Von der Erziehung zur Einfühlung ruft uns ins Bewusstsein, dass wir unseren Kindern und unserem natürlichen Instinkt, sie bedingungslos zu lieben, wirklich vertrauen können. Zudem enthält das Buch zahlreiche praktische Beispiele und konkrete Vorschläge, wie man das Konzept der Kontrolle hinter sich lassen und Authentizität an deren Stelle treten lassen kann.

ISBN 978-3-936855-64-7

DER VEREIN MIT KINDERN WACHSEN E.V.

Der Verein *Mit Kindern wachsen e.V.* besteht mittlerweile seit mehr als zwanzig Jahren. Unsere Aktivitäten richten sich an Menschen, die mit Kindern neue Wege gehen wollen – Wege, die ein Kind von Anfang an als fühlendes Subjekt respektieren, seine Integrität bewahren und es ihm erlauben wollen, sich nach seinem eigenen inneren Gesetz zu entfalten. Dabei haben sich in den letzten Jahren folgende Schwerpunkte herausgebildet:

DIE ZEITSCHRIFT MIT KINDERN WACHSEN

Unsere Zeitschrift erscheint vierteljährlich und ist im Abo erhältlich, auch zum Verschenken als Geschenkabo. Zusätzlich bringen wir in unregelmäßigen Abständen themenbezogene Sonderhefte heraus, wie z.B. unser Special zum Thema Säuglinge und Kleinkinder.

SEMINARE UND FORTBILDUNGEN

Über diese Aktivitäten hinaus organisieren wir Fortbildungen, Seminare und Vorträge, wie z.B. zum Thema „Achtsame Kommunikation mit Kindern", die dabei helfen können, einer neuen inneren Haltung Kindern gegenüber näherzukommen und Schwierigkeiten auf diesem Weg zu überwinden.

Weitere Informationen über uns, unsere Zeitschrift und unsere Arbeit finden Sie bei

Mit Kindern wachsen e.V.
Alice-Salomon-Str. 4
79111 Freiburg
Tel. +49.(0)761.47 99 540
info@mit-kindern-wachsen.de

www.mit-kindern-wachsen.de

Online

Umfangreiche Informationen zu unseren Themen, ausführliche Leseproben aller unserer Bücher, einen versandkostenfreien Bestellservice und unseren kostenlosen Newsletter. All das und mehr finden Sie auf unserer Website.

www.arbor-verlag.de

Mehr von Steve Heitzer

www.arbor-verlag.de/steve-heitzer

Seminare

Die gemeinnützige *Arbor-Seminare gGmbH* organisiert regelmäßig Seminare und Weiterbildungen mit führenden Vertretern achtsamkeitsbasierter Verfahren.
Nähere Informationen finden Sie unter:

www.arbor-seminare.de